하루 1시간,
8주에 끝내는
책쓰기

하루 1시간, 8주에 끝내는 책쓰기

초판 1쇄 인쇄 2022년 9월 21일
초판 1쇄 발행 2022년 9월 28일

지은이 최영원

책임편집 지은정
편집 윤소연

디자인 박은진
마케팅 총괄 임동권
마케팅 지원 전화원 한민지 이제이 한솔 한울
경영 지원 임정혁 이지원

펴낸이 최익성
출판 총괄 송준기
펴낸 곳 파지트
출판 등록 제2021-000049호

제작 지원 플랜비디자인

주소 경기도 화성시 동탄원천로 354-28
전화 070-7672-1001 **팩스** 02-2179-8994
이메일 pazit.book@gmail.com

ISBN 979-11-92381-22-0 03190

예비 저자를 위한 출간 가이드북

하루 1시간, 8주에 끝내는 책쓰기

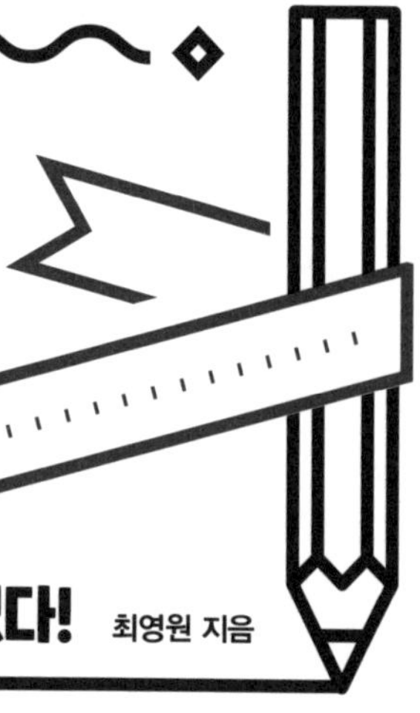

8주면 당신도 작가가 될 수 있다!

최영원 지음

P:AZIT

| 프롤로그 |

평범한 일반인도 8주 만에 원고를 완성할 수 있을까?

'하루 1시간 글쓰기로 원고를 완성할 수 있을까?'

2021년 어느 가을, 이러한 질문과 함께 작은 프로젝트를 시작했다. 프로젝트 내용은 하루 1시간 글쓰기 습관으로 8주 만에 원고를 완성하는 것이었다. 운영 중인 블로그에 게시물을 올렸다. 8주간 하루 1시간 글쓰기 프로젝트를 진행하며 그 과정과 결과를 가감 없이 블로그에 기록하겠다는 내용의 글이었다.

1주차에는 자료조사, 2주차에는 기획, 그리고 3~8주차에는 원고 집필이라는 구체적인 일정 또한 공유했다. 게시물을 본 이웃들은 "위대한 과정을 옆에서 구경할 수 있어서 영광이다", "응원하겠다"라며 8주간의 도전을 응원해주었다.

관련 도서를 40권 이상 읽는 자료조사도, 제목과 목차 등을 기획하는 일도, 매일 1시간씩 글을 쓰는 것도 쉽지만은 않았다. 하지만 하루 1시간 글쓰기 습관으로 원고를 완성하는 것이 가능하다는 것을 꼭 확인하고 싶었다. 많은 사람 앞에서 선언한 만큼 포기하고 싶지 않았다. 정확히 8주의 기간이 지났고, 8주 만에 초고를 완성하겠다는 약속을 지켰다. 블로그에 프로젝트 성공 소식을 전하는 게시물을 올렸다. 다시 한 번 많은 분께 응원과 격려의 이야기를 들을 수 있었다. 그리고 시간이 흘러 『하루 1시간, 8주에 끝내는 책쓰기』가 세상에 나오게 되었다.

평범한 일반인도 8주 만에 원고를 완성하는 것이 가능할까? 나는 글쓰기나 책쓰기를 한 번도 정식으로 배운 적 없는 평범한 일반인이다. 8주라는 기한을 정해놓고 주차별로 자료조사, 기획, 집필 과정을 거치면 누구나 책쓰기에 성공할 수 있다.

『하루 1시간, 8주에 끝내는 책쓰기』 1부는 책쓰기 시작을 위한 동기부여의 내용으로 구성했다. 2부에는 직접 경험한 8주 책쓰기의 과정을 있는 그대로 담았다. 목차대로 따라오면 누구라도 8주 만에 초고를 완성할 수 있도록 구성했다. 3부에는 초고 완성 이후부터 성공적인 출간까지 필요한 A to Z를 담았다.

많은 사람이 책쓰기를 버킷리스트로 삼지만, 실행으로 옮기지 못하는 이유는 무엇일까? 그 이유는 바로 책쓰기의 기한을 정하지 않았기 때문이다. 하나의 의미 있는 실험이 되기를 바랐던 프로젝트가 출간이라는 성공적인 결과를 만들 수 있었던 비결은 '기한을 정하는 책쓰기'에 있었다. '8주 만에 원고를 완성하겠다'라는 구체적이고 실현 가능한 목표는 책쓰기가 더 이상 버킷리스트에만 머물지 않게 한다. 그리고 이 목표는 '하루 1시간 글쓰기'라는 시스템을 만나 당신의 이름으로 된 책이 세상에 나오도록 돕는다.

가지 않은 길은 누구에게나 두려운 법이다. 『하루 1시간, 8주에 끝내는 책쓰기』가 당신의 두려움을 없애는 좋은 도구가 되었으면 좋겠다. 당신의 책이 세상에 나올 수 있도록 도울 가장 효과적인 도구인 이 책을 발견한 것을 축하한다. 책의 마지막 페이지를 덮었을 때, 그 어느 때보다 책쓰기 자신감을 얻은 스스로를 보게 될 것이다.

2022년 9월

최영원

목차

제2부
8주 만에 끝내는 책쓰기 3단계

2장 1주차 자료조사 책쓰기는 자료조사다

3장 2주차 기획하기 책쓰기는 기획이다

4장 3~8주차 집필하기 책쓰기는 몸 쓰기다

제3부
팔리는 책을 출간하는 방법

5장 책쓰기는 연결이다

제1부

퍼스널 브랜딩 시대,
당신에겐
무기가 있는가?

1장

책쓰기는 퍼스널 브랜딩의 무기다

1

책쓰기로 퍼스널 브랜딩의 무기를 만들어라!

잘 만든 스토리가 스펙을 이기는 시대다.

조연심, 『퍼스널 브랜딩에도 공식이 있다』

| 당신을 세상에 알리는 가장 효과적인 수단, 책쓰기 |

뛰어난 능력을 지닌 것보다 얼마나 더 알려지느냐가 성공의 척도가 되어버린 요즘이다. 대표적인 예로 유튜버가 있다. 높은 조회 수를 기록하고, 많은 사람이 구독하는 이유만으로 광고 수익과 협찬 등 큰 유익을 누린다. 일반 직장인 혹은 전문직 종사자의 월급을 훨씬 뛰어넘는 수익을 얻기도 한다. 얼마나 많은 사람이 알아주느냐에 따라 부와 기회를 얻는 시대를 살고 있다고 해도 과언이 아니다. 이러한 점에서 책쓰기는 당신을 세상에 알릴 수 있는 효과적인 수단 중 하나다.

심재원 작가는 원래 육아툰을 그리던 광고 회사의 아트디렉터였다. 그는 우연한 계기로 핀란드로 떠나게 된다. 핀란드 현지 외교부의 도움을 받아 핀란드의 육아 시스템을 경험하고, 그 이야기를 글과 그림으로 기록해 『똑똑똑! 핀란드 육아』라는 제목의 책을 출간한다. 이 책은 1만 부 이상 판매되는 성공을 거둔다. 이후 그는 수많은 '핀란드 육아' 관련 강연에 초청되는 연사가 되었다.

이렇듯 책을 쓰기 전의 평범한 직장인이나 주부가 책을 내는 순간 그 분야의 전문가로 인정받는 사례는 너무나 많다. 여기에 본인을 효과적으로 알릴 수 있는 SNS 활동이 더해지면 파급 효과는 더욱 커진다. 출판사를 통해 정식으로 책을 출간하면 여러 단체로부터 강의나 강연의 기회를 얻는다. 예를 들어 '책쓰기'를 주제로 책을 쓰면 출간 후 지역의 문화센터나 도서관, 학교 등에서 '책쓰기'를 주제로 강의할 수 있다. 이러한 단체를 통해서가 아니더라도 개인 SNS를 통해 강의를 오픈할 수도 있다. 해당 주제로 책을 출간했다는 사실만으로 전문성이 확보되기 때문에 가능한 일이다. 이처럼 오늘날은 책쓰기로 전문성을 인정받는 시대다. 전문가를 꿈꾼다면 지금 바로 책쓰기를 시작해야 하는 이유다.

| 왜 지금 책쓰기를 시작해야 하는가? |

"앞으로는 직장이 아닌 업業을 찾는 것이 중요한 사회가 되었다. 좋은 대학에 입학해 대기업에 취직하면 성공한다는 성공방정식은 통하지 않는다. 내 강점을 살리고 열정적으로 몰입할 수 있는 '업'이 필요하다."*

— 카카오 김범수 의장

AI, 4차 산업혁명 등으로 시작된 일자리 환경의 변화가 코로나19 팬데믹을 겪으면서 가속화되고 있다. 재택근무의 증가 등 근무 환경이 바뀌고 있으며, 채용 시장에도 변화의 바람이 불고 있다. 이러한 변화를 대처하지 못하는 사람은 청장년 할 것 없이 대규모 실직과 불황의 늪에 빠져 어려움을 겪는 중이다. 고용노동부에 따르면 2013년 53세였던 평균 퇴직 연령이 2016년에는 49.1세로 떨어졌다. 평균 퇴직 연령의 하락은 지금도 계속 진행되고 있다. 바야흐로 '사오정(사십오세 정년퇴직)'의 시대를 살고 있다. 스스로 일을 창출해낼 수 있는 능력은 4차 산업혁명과 코로나19로 바뀐 일자리 환경에서 하나의 경쟁력이 되었다.

* 중앙일보, "게임의 '룰' 바뀐다는 김범수, 게임의 '룰' 바뀐다는 남궁훈", 2016.05.27. (https://www.joongang.co.kr/article/20085629#home)

비싼 돈을 들여 신문이나 텔레비전 광고를 통해 고객을 모으는 시대는 지났다. 이제는 개인이 퍼스널 브랜딩을 통해 팬이나 팔로워를 만드는 것이 '돈'과 동등하거나 그 이상의 가치를 지니는 세상이 된 것이다. 책쓰기는 퍼스널 브랜딩하기 위한 가장 효과적인 도구다. 우리 사회는 '회사 의존 시대'에서 '개인 서바이벌 시대'로 변화했다. "평범한 사람이 자신의 모습을 솔직하게 보여 봤자 평범할 뿐이다"라는 말이 있다. 개인 서바이벌 시대에서 살아남기 위해 자신을 알리는 책쓰기는 선택이 아닌 필수다.

| 책쓰기의 전문성은 내가 아닌 소비자가 부여한다 |

책쓰기는 전문가만의 영역이라고 생각하는 사람이 많다. 하지만 전문가여야만 책쓰기가 가능한 건 아니다. 책쓰기에는 자격증이나 학위가 필요하지 않기 때문이다. 흔히 사람들은 전문성이 자격증이나 학위에서 나온다고 여긴다. 그래서 '에이, 내가 어떻게 다른 사람을 가르쳐'라고 생각하며 자신은 그럴 자격이 없다고 속단한다. 하지만 책쓰기에 있어 전문성은 자격증이나 학위에서 나오지 않는다. 책쓰기의 전문성은 어디에서 나오는 걸까? 당신의 콘텐츠를 사람들이 필요로 하고 그 콘텐츠에 만족한다면 당신은 그 분야에 있어 전문가가 된다. 즉, 어떤 분야든 수요가 있으면 당신은 그 분야의 전문성을 지니고 있다고 할 수 있다.

『N잡하는 허대리의 월급 독립 스쿨』의 저자 N잡하는 허대리는 **"지식의 깊이에 따라 사람이 네 가지의 유형으로 나뉜다"**라고 말했다. 여기서 네 가지 유형은 '초보자', '입문자', '숙련자', '전문가'다. 수로 따지자면 초보자가 가장 많고, 전문가가 가장 적다.* 도움이 될 만한 정보가 담긴 책을 두고 '실용서'라 부르는데, 실용서가 전문가만의 전유물이 아닌 이유는 '초보자'의 문제가 대부분 '입문자' 선에서 해결되기 때문이다. 즉, 당신이 어떤 분야의 입문자라면 초보자를 위한 책을 완성하면 된다. 당신이 숙련자라면 입문자와 초보자를 위한 책을 쓰면 된다.

여전히 '나보다 뛰어난 사람이 이렇게나 많은데 내가 책쓰기를 시작해도 괜찮을까'라고 생각하는 사람이 있을지도 모르겠다. 배우는 초보자의 입장에서는 오히려 뛰어난 전문가의 가르침이 부담스러울 수 있다. 가르침의 내용 역시 어려울 수 있다. 하지만 자신보다 한 단계 위인 입문자의 가르침은 그리 부담스

---

* N잡하는 허대리, 『N잡하는 허대리의 월급 독립 스쿨』, 토네이도(2020), p64

럽지 않다. 오히려 '이 사람도 과거에는 나와 같았는데 이렇게 되었다고? 그럼 나도 할 수 있겠네'라며 자신감을 얻을 수 있다. 전문가로 오래 지내다 보면 초보자 시절의 고민을 잊어버리기 쉽다. 이러한 점을 고려하면 아직 전문가가 아니라는 사실이 당신의 강점이 될 수도 있다.

| 당신이 이미 가진 지식으로 책쓰기에 도전하라 |

당신이 살아온 이야기, 지식과 경험, 전하고자 하는 메시지는 생각 이상으로 가치가 있다. 그 경험이 사람들의 문제를 해결해 줄 수 있는 경험이기 때문이다. 사람들은 자신의 문제를 해결받을 수 있다면 상당한 금액의 지출도 꺼리지 않는다. 그리고 세상에는 당신의 지식과 경험을 필요로 하는 사람들이 많다. 당신이 가지고 있는 지식과 경험이 아무렇지 않게 느껴지는가? 내가 보기에는 당신이 그 가치를 발견하지 못하고 있을 가능성이 다분하다. 책쓰기를 시작하기에 앞서 당신에게 가장 먼저 필요한 것은 당신이 가진 지식과 경험의 가치를 아는 것이다. 콘텐츠 생산자인 당신조차도 가치 있게 여기지 않는 콘텐츠는 어느 누구에게도 매력적으로 다가오지 않는다.

2

8개월이 아니다, 8주면 된다!

시간과 정성을 들이지 않고 얻을 수 있는 결실은 없다.
그라시안

| 책쓰기에 하루 1시간만 몰입하라 |

세계적인 기부왕 폴 마이어Paul J. Meyer가 쓴 『폴 마이어의 아름다운 도전』에 보면 다음과 같은 글이 나온다.

"자네, 그거 아는가? 콜로라도스프링스 근처에 좁고 험준한 산길이 있네. 얼핏 보기에는 너무 좁아서 자동차가 들어설 틈도 없는 것처럼 보이지. 그런데 입구에는 이런 표지판이 세워져 있어. '빠져나갈 수 있음'이라고. 그런데 대부분의 운전자들은 표지판

앞에 멈춰 서서 고민을 한다네. 절대 빠져나갈 수 없을 것 같은 숲길인데, 표지판은 아니라고 적혀 있으니 어떻게 할 것인지 고민하는 것이지. 그렇게 고민하다가 결국은 표지판이 오래되어 믿을 수 없다는 결론을 내리고, 안전하다고 생각하는 먼 길로 돌아가지. 그 표지판은 도전하는 사람들을 위한 거였네. 도전하겠다고 마음만 먹으면 사실은 빠르게 나갈 수 있는 지름길이지. 자네는 그 길을 택한 거야. 자네가 신념을 굳게 하고 뚫고 나가기를 빌겠네."*

당신은 책쓰기 산길 앞에 서 있다. 이 책은 '책쓰기에 성공할 수 있음'이라고 말하는 표지판과도 같다. 도전하겠다는 마음만 있으면 반드시 책쓰기에 성공할 수 있다. 이 책을 쓰고 있는 나 역시 책을 써서 작가가 되고 싶다는 마음 하나로 여기까지 올 수 있었다. 살다 보면 누구나 한 번쯤 작가의 꿈을 꾼다. 하지만 많은 사람이 작가는 특별한 사람만 될 수 있을 것 같다는 느낌에 책쓰기를 주저한다. '내가 무슨 작가야'라며 자조적인 태도를 취하곤 한다. 하지만 한 번이라도 책을 출간해 작가가 되어 본 사람은 안다. 작가는 특별한 사람의 전유물이 아니며, 누구

---

* 폴 마이어, 『폴 마이어의 아름다운 도전』, 안인식 옮김, 책이있는마을(2010), p23.

나 일정한 훈련을 통해 될 수 있다는 것을 말이다.

그렇다. 작가의 문은 누구에게나 열려 있다. 하지만 작가가 되기 위해서는 훈련의 과정이 필요하다. 그 훈련 과정이 바로 '하루 1시간 글쓰기'이다. 하루 1시간 글쓰기는 책쓰기를 처음 도전하는 사람도 작가로 만든다. 책쓰기에 두려움을 느끼고 있는 사람도 하루 1시간 글쓰기라는 시스템을 만나면 놀랍게도 책을 쓸 수 있다. 오늘날 출간되는 단행본의 분량은 A4용지로 환산하면 80~100페이지 정도 된다. 어떠한가? 이 분량이 많게 느껴지는가, 아니면 적게 느껴지는가? 80페이지면 매일 2장의 글을 쓴다고 했을 때, 40일이면 채울 수 있는 분량이다. 즉, 2개월도 안 되서 책 1권을 쓸 수 있는 것이다. 많은 사람이 죽기 전에 내 이름으로 된 책을 쓰는 버킷리스트를 가진 것을 고려하면, 생각보다 빠른 기간 안에 이룰 수 있는 목표가 '책쓰기'임을 알 수 있다.

세계적인 작가 무라카미 하루키는 매일 새벽 4시에 일어나 5~6시간 동안 책을 쓰는 것으로 알려져 있다. 무라카미 하루키 외에도 전 세계의 유명한 작가들은 모두 매일 일정 시간 동안 글을 쓴다는 공통점이 있다. 당신이 만약 책을 쓰고 싶다면, 가장 먼저 시작할 일이 하루 1시간 글쓰기인 이유다.

'작가 되기'라는 목표는 목표 자체만으로는 아무런 힘이 없다. 이는 많은 사람이 살면서 크고 작은 목표를 세우지만 실제로 목표를 달성하는 사람은 10%가 되지 않는 것과 같은 원리다. 작가가 되고 싶은가? 지금 당장 하루 1시간 글쓰기를 시작하라. 전문가만이 책을 출간하는 시대는 지났다. 이제는 다양한 플랫폼에 글을 쓰는 것만으로도 작가가 될 수 있는 시대가 되었다. 당신에겐 작가가 될 가능성이 충분히 있다. 행동하지 않으면 결코 변화하지 않는다. 하루 1시간 글쓰기는 반드시 당신을 작가로 만들어 줄 것이다.

| 단순한 시스템이 성공을 결정한다 |

대학교 4학년 시절, 불현듯 책을 써서 작가가 되고 싶다는 마음이 들었다. 책을 쓰고 강연을 다니는 작가의 삶을 살고 싶었다. 하지만 작가의 삶은 내가 살고 싶다고 해서 바로 살 수 있는 것이 아니었다. 막연히 작가가 되겠다는 마음은 먹었지만, 어떻게 해서 작가가 될 것인지에 관한 계획이 부재했다. 그랬던 내가 시작한 것이 블로그 글쓰기였다. 3년 안에 1,000권의 책을 읽겠다는 목표로 유례없는 몰입 독서를 하던 때였다. 읽은 책을 기록하는 목적으로 블로그에 글을 올리기 시작했다. 책 리뷰를 올리다 보니 독서법을 주제로 글을 쓰고 싶어졌다. 1년 3개월간 100권의 책을 읽으며 생긴 독서 노하우를 정리해 간략한 칼럼 형식의 글을 올렸다. 100권의 책을 읽으며 생긴 변화들과 그간 블로그에 올렸던 독서 노하우를 정리해 첫 전자책을 출간했다. 책이라는 형태로 무언가를 기획해 만들기는 처음이었기에 꽤 뿌듯했다. 책을 읽어준 사람들에게 '작가님'이라고 불리는 것도 뭔가 기분이 좋았다. 전자책이라고는 하지만 책의 콘셉트와 제목, 목차 등을 모두 기획하고 집필하는 점에서는 종이책과 큰 차이가 없었다. 첫 전자책 출간은 내게 책쓰기란 어떠한 것인지 감을 잡게 하는 좋은 경험이 되었다.

첫 전자책을 출간하며 느낀 것은, 책을 쓰기 위해서는 무엇보다 실행력이 중요하다는 것이다. 아무리 좋은 콘셉트의 책을 기획했다 하더라도 집필이라는 실행으로 옮기지 않으면 아무 소용이 없기 때문이다. 따라서 책을 완성하기 위해서는 실행을 도울 수 있는 시스템을 구축해야 할 필요가 있음을 이때 느꼈다. 예를 들어, 40페이지의 전자책을 출간하고 싶다면 가장 먼저 할 일은 40페이지를 매일 쓸 수 있는 분량으로 나누는 것이다. 하루에 4페이지의 글을 써서 10일 안에 책을 완성한다는 계획을 세웠다. 그리고 실제로 남은 한 달간 3권의 전자책을 더 출간했다. 총 4권의 전자책을 출간하고 나니 충분히 종이책을 출간할 수 있겠다는 자신감이 생겼다. 그러던 중 우연히 모 출판사에서 진행하는 공동 저서 종이책 출간 프로그램을 알게 되었다. 첫 종이책을 공동 저서로 출간하는 것도 나쁘지 않겠다는 생각이 들었다. 당시 4권의 전자책을 출간한 후 어떤 책이든 출간할 수 있겠다는 자신감으로 가득 찬 상태였다. 공동 저서 프로그램에는 나를 제외하고 총 5명의 참가자들이 더 있었다. 따라서 단행본 300페이지 기준으로 개인당 50페이지 정도의 분량을 채우면 되는 상황이었다. 단행본 50페이지는 A4용지 16페이지 정도 되는 분량이다. 이미 전자책 분량만으로 100페이지 넘게 쓴 경험이 있었기 때문에 자신 있었다. 하루에 쓸 분량을 2페이지로 잡았고, 8일 안에 초고를 모두 완성시켰다. 그렇게 내 인생 첫 종이책을 무사히 출간할 수 있었다.

지금껏 7권의 전자책과 2권의 종이책을 출간하며 느낀 점은 이렇다. '책쓰기는 단순해야 한다. 책쓰기에 성공하기 위해서 가장 필요한 것은 매일 일정 분량의 글을 꾸준히 쓰는 것이다. 그러면 책은 완성되게 되어 있다.' 책쓰기에 성공하고 싶은가? 그렇다면 글을 쓰는 과정을 최대한 단순하게 만들어라. 단순해야 성공한다.

| 누구나 8주 안에 책을 완성할 수 있다 |

책을 출간해 새로운 인생을 살고 싶은가? 그렇다면 오늘부터 매일 하루에 '한 꼭지'의 글만 작성하도록 하라. 한 꼭지란 책의 한 챕터에 해당하는 분량을 뜻한다. 즉, 당신이 집필한 책은 대개 40개 내외의 꼭지로 이루어진 셈이다. 하루에 한 꼭지, 즉 40일이면 무조건 책 한 권을 집필해낼 수 있다. 물론 여기서는 책 집필을 위한 자료조사 등에 걸리는 기간은 포함하지 않았다. 당신이 할 일은 그냥 묵묵히 매일 한 꼭지씩의 글만 작성하는 것이다.

작가가 되고자 한다면 책을 써야 한다. 다른 방법은 없다. 블로그에 작성해도 좋고, 한글이나 워드 파일에 작성해도 좋다. 이 글이 과연 책이 될 수 있을지 고민할 필요도 없다. 그냥 적어라. 내가 책을 집필하는 방법은 이게 전부다. 이러한 방법으로 지금 이 책을 쓰고 있다. 당신에게 필요한 건 지금 바로 시작할 수 있는 '실행력'이다.

내가 스스로 정한 이 책의 집필 기간은 단 8주다. 1, 2주 차에 책 집필을 위한 자료조사와 기획을 진행하고, 3~8주 차에는 본문 작성을 진행하도록 계획했다. 누군가 확인하는 사람은 없지만, 스스로 매일 약속한 분량을 작성하고 일부는 블로그에 올려 예비 독자들의 피드백을 경험하고 있다. 처음에는 '과연 책을 출간할 수 있을까'라는 고민이 들기도 했다. 하지만 스스로 정한 프로젝트의 일정대로 따라가며 나의 고민이 부질없는 고민이었음을 깨달았다. 당신이 책을 집필하는 방법 역시 이와 크게 다르지 않다. 지금 바로 책쓰기를 시작하라.

Someday. 언젠가.

I'll do it someday. 언젠가 꼭 할 거야.

Monday, Tuesday, Wednesday, Thursday, Friday, Saturday, Sunday.

월, 화, 수, 목, 금, 토, 일.

See? There is no Someday. 봤지? 언젠가는 없어.

It's time to ride. (오토바이를) 탈 시간이야.

위 내용은 할리 데이비슨의 광고다. '언젠가'는 없다! '지금'이 바로 책을 쓸 때다. 책을 완성하기에 1년 혹은 2년이라는 기간은 너무 길다. 2개월 안에 당신의 책쓰기를 끝낸다는 마음을 먹어라. 기한이 정해진 책쓰기만이 책쓰기를 성공할 수 있는 유일한 방법이다. 집필의 달인이라 불리는 공병호 박사는 책을 쓰는 시스템에 관해 다음과 같이 말했다.

"책을 쓰기 전에 머릿속에 짜임새 있는 청사진을 그려놓습니다. 그리고 그것을 주제당 원고지 15~20매 분량의 덩어리 40개로 나눕니다. 칼럼을 쓰듯이 40여 일 꾸준히 쓰다 보면 어느새 책 한 권이 만들어집니다."*

실로 간단한 방법이 아닐 수 없다. 책쓰기에 성공하고 싶다면 꾸준히 책쓰기를 실행하자. 한 인터뷰에서 스티븐 킹Stephen Edwin King은 **"생일날과 추수감사절을 빼고는 하루도 빠짐없이 글을 쓴다"**라고 말했다. 하지만 이는 사실이 아니다. 실제로 그는 생일과 휴일에도 동일하게 10페이지를 쓰기 때문이다. 그는 매일 똑같은 시간에 방에 들어가 2,000단어를 종이나 컴퓨터에 쓴 후 나온다. 스티븐 킹 같은 세계적인 작가도 매일 동일한 시간에 일정 분량의 글을 쓴다. 하물며 책쓰기를 처음 시작하는 사람이라면 어떻게 해야겠는가? 매일 예외 없이 책쓰기를 실천하자.

---

* 동아일보 인터뷰(2007년 11월 12일), '실천하는 자유주의자 공병호'
(https://shindonga.donga.com/Library/3/02/13/106864/3)

3

책쓰기는
의미 있는 삶과 물질적인 만족,
두 마리 토끼를 잡는 일이다

당신이 살아온 이야기, 알고 있는 지식,
전달하고자 하는 메시지는 생각보다 훨씬 더 가치 있다.*

| 작가로 산다는 것은 어떤 의미일까? |

글을 쓰기 시작하면서 달라진 것은 바로 관찰력과 통찰력이 커졌다는 것이다. 이전까지는 아무렇지 않게 봤던 사물이나 현상을 이제는 유심히 관찰하기 시작했다. 이러한 습관이 생긴 이유는 삶의 모든 것이 글의 재료가 된다는 사실을 깨달았기 때문이다. 글을 쓰기 시작하면서 모든 것을 호기심을 갖고 보기

* 브렌든 버처드, 『백만장자 메신저』, 리더스북(2018)

시작했다. 그리고 내가 지금 쓰고 있는 이 글에 어떻게 적용할 수 있을지를 고민한다. '이건 무슨 의미지?', '내가 쓰고 있는 글에 적용할 방법은 없을까?'와 같이 말이다. 이렇게 살다 보니 세상을 남들과 다른 시각으로 살아가고 있음을 느낀다.

『뼛속까지 내려가서 써라』를 쓴 나탈리 골드버그Natalie Goldberg는 **"작가는 인생을 두 배로 살아가는 사람"**이라는 말로 이러한 작가의 삶을 나타낸다. 그녀는 **"작가는 매일 출근하기 위해 넥타이를 매는 일상생활 이면에 모든 것을 다시 곱씹는 두 번째 인생을 산다. 작가는 글을 쓰기 위해 자리에 앉을 때마다 자신의 인생을 다시 들여다보고 그 모습을 음미한다"***라고 말한다.

『누구나 글을 잘 쓸 수 있다』의 저자 로버타 진 브라이언트 Roberta Jean Bryant 역시 비슷한 말을 했다.

> **"이런 삶을 살 때에는 잃는 게 없고, 아무것도 버릴 게 없다. 모든 개인적 경험이 고스란히 작가의 방앗간 곡식이 되기 때문이다."****

작가의 삶은 관찰력과 통찰력을 높인다는 것 외에도 다른 의

---

* 나탈리 골드버그, 『뼛속까지 내려가서 써라』, 권진욱 옮김, 한문화(2018)
** 로버타 진 브라이언트, 『누구나 글을 잘 쓸 수 있다』, 승영조 옮김, 예담(2004), p21

미가 있다. 그건 바로 작가란 자신을 표현할 줄 아는 사람으로 살게 한다는 것이다. 한국 사회는 개개인의 표현을 장려하지 않는 사회다. 우리는 어렸을 때부터 우리의 생각을 표현하는 법보다는 정해진 답을 외우고 정해진 기준에 부합하는 삶을 사는데 익숙해져 왔다. 문유석 판사는 『개인주의자 선언』에서 이러한 한국 사회를 두고, '개인의 생각과 가치관보다 공동체를 앞세우는 사회'라고 꼬집어 비판했다. 작가로서 글을 쓴다는 건 이러한 사회에서 자신을 표현하며 산다는 것이다.

자신을 표현할 줄 아는 것이 왜 중요할까? 그건 바로 자신을 표현할 줄 아는 사람만이 내 삶의 진정한 주인으로 살 수 있기 때문이다. 우리 사회는 자신을 표현하지 않는 것을 겸양이나 미덕으로 여긴다. 이러한 사회 분위기 속에서 현대인은 자신만의 색깔을 잃어버린다. 남들과 똑같은 기준과 똑같은 가치관을 가지고 사는 삶에 무슨 아름다움이 있을까? 이러한 점에서 작가란 세상을 아름답게 살아갈 수 있도록 돕는 직업이다. 작가란 끊임없이 자신을 표현하는 사람이다. 작가의 글에는 그가 세상을 살아가는 방식과 가치관이 묻어 있다. 작가는 세상의 가치관과 기준을 막연히 좇는 삶을 거부하는 사람이다. 런던 비즈니스 스쿨의 교수이자 세계적인 경영전략가 게리 해멀Gary P. Hamel은 말했다.

"미래의 나는 내가 '지금 무엇을 가졌느냐'가 아니라 내가 '무엇을 끊임없이 추구하느냐'에 의해 좌우된다."*

책쓰기는 성장과 발전을 끊임없이 추구하는 과정이다. 이런 과정을 매일 겪는 사람의 미래는 밝을 수밖에 없다. 『필력』을 쓴 이남훈 작가는 말한다.

"글쓰기 내공을 갖추지 않았다고 생존을 위협받을 리는 없지만, 글을 쓴다는 행위에 담긴 수많은 고뇌와 선택의 과정은 나의 가치를 한 단계, 어쩌면 본인도 알지 못하는 높은 단계로 끌고 갈 수도 있다."**

책쓰기는 폭발적인 성장을 돕는 행위다. 책쓰기를 하지 않는다고 해서 인생에 커다란 일이 생기지는 않는다. 하지만 당신이 만약 책을 쓴다면, 분명 인생에 새로운 변화를 마주하게 될 것이다.

---

* 김성호, 『일본전산 이야기』, 쌤앤파커스(2009), p272
** 이남훈, 『필력』, 지음미디어(2017)

| 타인의 삶에 도움을 주는 삶을 산다는 것 |

사실 책쓰기가 내게 가져다준 가장 큰 변화는 나의 내면에 있다. 책쓰기를 시작하기 전까지 자존감이 낮은 사람이었다. 자존감이 낮다는 사실을 알게 된 건, 스무 살 대학 입학 후부터였다. 스스로를 사랑해주지 못했다. 다른 사람의 말 한 마디, 행동 하나하나에 의미를 부여했다. 그리고 대개 그러한 의미는 부정적이었다. 생각해 보면 남에게는 관대하면서 스스로에게는 엄격한 사람이었다. 다른 사람들은 쉽게 공감해주면서 스스로에게는 공감의 손길을 내밀어주지 않았다. 이러니 자존감이 높을 리가 없었다. 놀라운 사실은 책쓰기를 시작하며, 예상치 못하게 자존감이 급격히 올라갔다는 것이다. 이유는 간단했다. 책쓰기를 통해 '내가 생각보다 쓸모 있는 사람'이라는 사실을 인식하기 시작했기 때문이다.

실용서의 본질은 '다른 사람의 문제를 해결해주는 것'이다. 즉, 타인의 삶에 도움을 주는 것이다. 글을 쓰며 많은 사람의 삶에 긍정적인 영향을 주고 있다는 것을 인지하는 일은 즐거웠다. 설렜고, 뿌듯했다. 불과 1년 전까지만 해도 낮은 자존감과 미래에 대한 불안으로 힘들어하던 나였다. 그랬던 내가 책쓰기를 시작하며 완전히 새로운 삶을 살게 되었다. 이제 더 이상 자신을 스스로 낮게 평가하지 않는다. 나 자신과 내가 하는 일의 가치를 누구보다 잘 안다. 가끔씩 놀라울 정도로 단단해진 모습을 보며 새로움을 느낀다. 만약 당신이 과거의 나와 같다면, 책쓰기를 적극 권하고 싶다. 내가 좋아하고, 또 잘하는 일로 다른 사람이 더 나은 삶을 살도록 돕는 것은 놀라운 일이다. 당신은 이 일을 통해 날마다 가슴 뛰며 설레게 살 수 있다. 워런 버핏Warren E. Buffet은 글을 쓰는 마음가짐에 관해 의미 있는 통찰을 전한다.

> **"글을 쓰기 위해 셰익스피어와 같은 문필가가 될 필요는 없다. 좋은 내용을 사람들에게 알리고 싶은 욕망만 있다면 그것으로 충분하다."***

| 의미 있는 삶을 살며 돈까지 벌 수 있는 일 |

대학 시절, 나의 고민은 '어떻게 하면 의미 있는 삶을 살며 돈까지 벌 수 있을까'였다. 주변 사람들이 대기업 취업, 대학원 진학 준비로 자신을 몰아붙이고 있을 때, 아직 보이지 않는 '내 가

---

* 윤영돈, 『글쓰기 신공 5W4H1T』, 경향미디어(2017)

슴을 뛰게 하는' 일을 찾기 위해 고군분투했던 기억이 난다. 돈을 많이 벌고 싶었지만, 그렇다고 돈만 추구하는 삶을 살고 싶진 않았다. 보람과 의미를 가져다주면서도, 원하는 만큼의 수익을 창출할 수 있는 일을 원했던 것 같다. 그리고 대학교 졸업을 앞둔 시기, 책을 읽다 발견한 한 문장에서 오랜 고민의 답을 찾았다.

> **"결론적으로 당신은 사람들이 성공하도록 조언하고 관련 정보를 제공해 대가를 받을 수 있으며 이렇게 함으로써 스스로의 성장과 먹고 사는 문제, 두 가지를 모두 해결할 수 있다. 즉 의미 있는 삶과 물질적인 만족을 동시에 얻을 수 있다."**

위 문장의 주인공은 『백만장자 메신저』의 저자 브렌든 버처드Brendon Burchard다. 그는 메신저가 된 지 2년 만에 460만 달러를 벌어들였다. 한 회당 2만 5천 달러의 강연비를 받는 그는 성공한 1인 기업가라 할 수 있다. 여기서 메신저란 '자신의 경험과 지식을 메시지로 만들어 다른 이들에게 전달하고, 그에 맞는 대가를 얻는 사람'이다. 그가 말하는 메신저는 '사람들이 더 나은 삶을 살도록 도우며 돈을 버는 일'이었다. 이 일이 내 가슴을 뛰게 하는 일이라고 확신했다. 이후 내가 한 일은 이미 성공한 메신저들을 모조리 찾아 공부하는 것이었다. 책과 인터넷을 통해 메신저로 살고 있는 사람들을 찾아다녔고, 그 과정에서 '책쓰기'라는 분야를 발견하게 되었다. 작가의 삶은 브렌든 버처드가 이야기한 메신저의 삶과 일치했다. 지식, 경험 그리고 노하우를 지식 콘텐츠화 시켜 돈을 버는 일이었기 때문이다. 다른 사람들의 삶에 긍정적인 영향을 미치며 수익을 창출하는 일을 원했기에 곧바로 책쓰기에 뛰어들었다. 이승준 작가의 『돈과 시간에서 자유로운 인생 1인 기업(완결 편)』에 보면 다음과 같은 말이 나온다.

> **"누군가의 삶에 긍정적인 영향을 미치고 올바른 길로 이끌었다면 그만큼 당신에게 보상이 돌아온다. 사회는 무언가를 생산한 사람에게 그만한 보상을 해주는 시스템을 가졌기 때문이다."**

책쓰기를 시작하면서 생긴 가장 큰 변화는 '생산자'의 시각을 가지게 되었다는 점이다. 생산자의 시각으로 세상을 바라보니, 세상은 정말 무언가를 생산한 사람이 보상받는 곳이었다. 소비자의 삶만으로는 절대 생산자를 추월할 수 없다는 사실을 깨달았다. 지금도 많은 1인 기업가가 연간 수십억 원을 벌어들일 수 있는 이유 역시, 그들이 세상에 유용한 무언가를 생산해냈기 때문이다. 책쓰기란 이러한 생산자의 반열에 들어설 수 있는 일이다. 당신은 얼마든지 책쓰기를 통해 경제적 자유에 한 발짝 더 다가갈 수 있다. 한 시간 강의료로 8억 원을 받는 최고의 성공학 강사 브라이언 트레이시Brian Tracy는 이렇게 말한다.

> **"노벨상을 받거나 올림픽 금메달을 따는 부류의 활동이 아니라면 누군가 성공한 것은 당신도 똑같이 해낼 수 있다."***

우리 주변에는 이미 자신만의 신념과 목표를 추구해 성공적인 1인 기업가로 살고 있는 사람이 많다. 브라이언 트레이시의 말처럼, 그 사람들이 성공했다면 당신 역시 할 수 있다. 자기 인생의 주인으로 살면서 물질적인 풍요를 누리는 일이 멀게만 느껴지는가? 다른 사람이 강제로 정해준 목표를 추구하는 사람과 자신만의 신념과 목표를 추구하는 사람의 인생에는 큰 차이가 있다. 지금부터 시작해도 늦지 않았다. 오늘부터 책쓰기를 통해 '의미 있는 삶'과 '물질적인 만족' 두 마리 토끼를 모두 잡는 건 어떤가?

---

* 이승준, 『돈과 시간에서 자유로운 인생 1인 기업(완결편)』, 나비의 활주로(2020), p287

4

될 때까지 작가인 척하면, 그렇게 된다

여행자는 유럽의 술집에서 한 바텐더를 만났는데,
바텐더는 여행자에게 자신을 시인이라고 소개했다.
그 말에 여행자가 "당신 이름으로 나온 시집이 있나요?"라고 물었고,
바텐더는 "아뇨. 시집을 낸 적은 없지만,
시를 쓰기 때문에 시인이죠."라고 답했다.*

| 글을 쓰기로 마음먹은 순간, 당신은 이미 작가다 |

책을 쓰기 위해 필요한 여러 마음가짐이 있다. 그중 첫 번째는 바로 자기 자신이 이미 작가라는 사실을 믿는 것이다. 글을 쓰기로 마음먹은 순간, 당신은 이미 작가다. 당신이 할 일은 당신의 이야기를 써 내려가는 것이다. 새로운 책 출간을 준비하다 보면 종종 '내가 이 책을 써도 되나?'와 같은 생각이 들곤 한다.

---

* 김수현, 『나는 나로 살기로 했다』, 클레이하우스(2022), p55

하지만 그런 생각을 이내 접고 글쓰기에 돌입할 수 있는 건, 글을 쓰는 사람은 이미 작가라는 믿음 덕분이다.

책을 쓰는 데 있어 필요한 건 내 속의 가치 있는 것을 타인과 나누고자 하는 마음이다. 〈오스카〉 상을 4개 부문에서나 수상한 봉준호 감독은 "가장 개인적인 것이 가장 창의적인 것이다"라는 명언을 남겼다. 책을 쓰는 일 역시 마찬가지다. 책을 쓰고자 하는 사람은 먼저 자신 안의 가치 있는 스토리를 볼 줄 아는 눈이 열려야 한다. 책을 쓰고자 하는가? 나 자신이 책을 쓰기에 충분하다는 믿음을 갖자. 당신은 한 권의 책을 쓰기에 이미 충분한 자질을 갖췄다!

책쓰기의 성공은 다름 아닌 용기와 결단력에 달렸다. 사마천의 『사기』에 나오는 조고는 "결단을 내려 행하면 귀신도 피해간다"라고 말했다. 책쓰기를 성공하게 만드는 것은 다름 아닌 '결심'이다. 책의 주제는 무엇으로 정하고, 책의 본문은 어떻게 써 내려갈지는 쓰면서 해결할 문제다. 책쓰기를 성공하려면 우선 '나는 책쓰기에 성공할 것이다'라는 결단을 내려야 한다. 그 결단이 당신으로 하여금 책쓰기에 성공하게 만들 것이다. 반 고흐는 "당신 안의 어떤 목소리가 '넌 그림을 그릴 수 없어!'라고 말한다면 그저 그림을 그려라. 그러면 그 목소리는 잠잠해질 것이다."라고 말했다. '난 책을 쓸 수 없어!'라고 말하는 목소리 앞에서 그저 묵묵히 글을 쓰자. 그러면 그 목소리는 어느새 잠잠해질 것이다.

| 결국 책을 내는 사람과 결국 책을 못 내는 사람 |

결국 책을 내는 사람과 결국 책을 못 내는 사람에게는 어떤 차이가 있을까? 결국 책을 내는 사람은 내가 쓰는 글이 책이 될 것이라는 확신을 가지고 있다. 『정상에서 만납시다』, 『시도하지 않으면 아무것도 할 수 없다』와 같은 세계적인 베스트셀러를 쓴 지그 지글러Zig Ziglar는 말한다.

> **"목적을 이루고 싶으면 먼저 마음속에서 '목표에 다다른 모습을 보아야' 한다."***

책을 내는 사람은 완성될 책의 미래를 그리는 사람이고, 책을 출간한 이후의 삶을 상상하는 사람이다. 국내 대형 서점에 내 책이 진열되고, 저자와의 간담회를 가지며, 많은 사람 앞에서

---

* 지그 지글러, 『정상에서 만납시다』, 이은정 옮김, 산수야(2020), p265

책의 주제로 강연을 하게 되는 모습을 상상하며 글을 쓴다. 내가 쓰고자 하는 책이 완성된 미래를 그리면서 책을 쓰고 싶다는 마음을 먼저 발견해야 한다. 이렇게 글을 쓰는 사람은 결국 책을 완성하고야 만다. 한 걸음 한 걸음씩 산을 오르듯, 한 글자 한 글자씩 종이에 새기며 원하는 책을 완성시킨다.

내 글이 책으로 출간될 것이라는 확신은 책을 쓰기 위한 좋은 동기부여가 된다. 내 글은 반드시 책으로 출간되어야만 하기 때문에 어떻게 해서든 책을 완성하는 데만 온 집중을 다하게 된다. 책쓰기는 강한 몰입과 집중력이 필요한 학문이다. 흔히 책쓰기를 마라톤에 비유하곤 하는데, A4용지 100페이지의 글을 완성해내는 일은 결코 단기간에 가벼운 마음으로 해낼 수 없기 때문이다. 집중하지 않고서는 많은 양의 글을 써낼 수 없다. 내 글이 책으로 출간될 것이라는 확신은 이러한 집중을 돕는다. 지금 쓰고 있는 이 글에 집중할 수 있는 원동력이 된다.

결국 책을 못 내는 사람들의 공통점은 끊임없이 자신의 글이 책이 될 수 있을지 의심한다는 것이다. 책을 못 내는 사람들은 항상 자신 없는 목소리로 말하곤 한다. "과연 제 글이 책이 될 수 있을까요?", "과연 제가 책을 쓸 수 있을까요?", "제 이야기가 책으로 적합할지 모르겠어요." 이들에게는 자신의 글이 책이 될 수 있다는 확신이 없다. 따라서 글을 쓰기 전부터 주저하게 되고, 결국 긴 호흡으로 계속 글을 써 내려가야 하는 책쓰기를 성공하지 못한다.

사람은 자신이 생각하는 대로 행동하게 된다. 자신의 글이 책이 될 수 없다고 생각하는 사람은 실제로 책이 될 수 없는 글을 쓴다. 대다수는 그런 글조차도 써내지 못한다. 반면, 자신의 글이 책이 될 수 있다고 믿는 사람은 실제로 책이 될 수 있는 글을 쓴다. 이들의 마음속에는 강한 확신과 자신감이 있기 때문에 이들이 쓴 글에는 생동감이 넘친다. 또한 독자들의 마음을 울리고 움직이는 힘이 있다. 책을 쓰고 싶다면 자신의 글이 책으로 완성될 것이라는 사실을 굳게 믿어야 한다. 그리고 그 믿음으로 한 글자 한 글자 꾹꾹 눌러 담을 때, 당신의 글은 완성된 책이라는 선물로 보답할 것이다. 독일 시인 괴테는 이렇게 말했다.

> **"무엇이든 할 수 있다면, 아니 할 수 있다는 꿈을 갖고 있다면 그것을 시작하라. 대담하다는 것, 그 자체가 천재성이고 힘이며 마력이다."**

책을 써내야겠다는 마음을 먹었다면 일단 시작하자. 일단 시작할 수 있는 힘 자체가 천재성이며 마력이다.

| 책쓰기를 잘하기 위해서는 어떻게 해야 할까? |

쓰고, 쓰고, 쓰자. 그렇다. 책쓰기를 잘하고 싶은 당신에게 주는 나의 조언은 '많이 써야' 한다는 것이다. 평범한 30대 가장에서 출발해 시가市價 10억 달러 가치의 회사를 만든 셰이 칼Shay Carl은 **"인생의 비밀은 '클리셰'라는 단어 뒤에 숨어 있다"***라고 말했다. 나의 당부를 "또 그 소리야? 많이 써야 한다는?"이라며 클리셰로 치부하고 넘어갈 사람은 안타깝게도 영영 책쓰기의 비밀을 깨닫지 못할 것이다. 책쓰기의 비밀 역시 셰이 칼이 말한 인생의 비밀처럼 "많이 써야 한다"라는 클리셰 문장 뒤에 숨어 있기 때문이다.

스콧 애덤스Scott Adams는 연재만화 〈딜버트〉를 쓴 작가다. 〈딜버트〉는 57개국, 2,000개 이상의 신문에 19개 언어로 소개된다. 글쓰기는 많은 연습을 요구한다. 『타이탄의 도구들』에 따르면, 그는 블로그 글쓰기부터 시작했다. 블로그는 어떤 글이 가장 좋은 반응을 얻어내는지 알 수 있는 일종의 R&D 공간이었다. 다양한 주제를 다양한 목소리와 각도에서 다루는 연습을 했고, 꾸준히 연습한 결과 어떻게 글을 써야 반응이 가장 좋은지를 터

---

* 팀 페리스, 『타이탄의 도구들』, 박선령, 정지현 옮김, 토네이도(2022), p211

득할 수 있었다.* 마침내 그는 세계 최고의 만화 작가가 되었다.

시행착오를 두려워하지 말자. 책쓰기를 잘하기 위해서는 스콧 애덤스와 같이 수없이 많은 시행착오를 겪어야 한다.

3년 전부터 블로그에 글을 쓰기 시작했다. 현재 블로그에 올라와 있는 글은 300개 이상이다. 비공개 글까지 합치면 약 570개에 달한다. 적어도 2일에 하나씩은 글을 올린 셈이다. 내가 책쓰기에 관한 지식과 경험치가 늘어난 비결은, 사람들의 관심을 유발하는 글을 블로그에 작성해보고 특정 분야의 글을 모아 전자책으로 출간해보는 등 시행착오를 겪은 배경에 있다. 머리로만 이해한 100개의 지식보다 한 번의 실제 경험이 더 도움된 사례라 할 수 있다. 그래서 책쓰기 실력을 늘리기 위해서는 일단 써봐야 한다고 말하고 싶다. 이 책에서 나온 정보들을 활용해 어설픈 대로라도 글을 써나가다 보면, 어느새 사람들의 마음을 움직이는 글을 쓰고 있는 자신을 발견하게 될 것이다.

내가 좋아하는 말이 있다. 그건 바로 "모든 성공은 작게 시작해서 크게 키워나가는 것이다"라는 말이다. 책쓰기와 직접적인 연관은 없어 보이는 이 말이, 당신의 책쓰기 실력을 결정지을 핵심 열쇠라고 믿는다.

---

* 팀 페리스, 『타이탄의 도구들』, 박선령, 정지현 옮김, 토네이도(2022)

5

책쓰기에서 반복이 중요한 이유

우리가 반복적으로 행하는 것이 우리 자신이다.
그렇다면 탁월함은 행동이 아닌 습관인 것이다.
아리스토텔레스

| 매일 책쓰기를 실천하는 힘은 반복에서 온다 |

"어떤 습관에 통달하려면 가장 중요한 건 '반복'이다. 완성하는 것이 아니다. 새로 익혀야 할 습관의 면면을 그려볼 필요는 없다. 그것을 연습하기만 하면 된다. 여기서 세 번째 법칙이 도출된다. 그저 반복하라. 그러면 된다."*

* 제임스 클리어, 『아주 작은 습관의 힘』, 이한이 옮김, 비즈니스북스(2019)

매일 A4용지 1페이지를 쓰는 힘은 어디서 나오는 걸까? 이 힘이 '반복'에서 온다고 믿는다. 『아주 작은 습관의 힘』을 쓴 제임스 클리어James Clear는 **"어떤 행동을 반복하는 순간마다 우리는 그 습관과 연관된 특정한 신경학적 회로를 활성화한다"**라고 말한다. 즉, 단순할지라도 반복은 새로운 습관을 터득하는 가장 효과적인 방법이라는 것이다. 책쓰기 역시 마찬가지다. 책을 집필하는 기간 동안은 적어도 매일 한 페이지 이상씩 글을 쓰는 것이 일상이 되어야 한다. 그날그날의 분량을 채우지 않고는 잠이 오지 않아야 한다.

이 책을 완성하기 위해 40일간 매일 2페이지의 본문을 쓰고 있다. 매일 2페이지의 분량을 채우지 않고는 자지 않겠다고 스스로와 약속했다. 이러한 약속을 지키기 위해 실천하는 것이 바로 '우선 한 줄만 쓰기'이다. 글을 쓰려고 책상에는 앉았지만 무엇을 써야 할지 영감이 떠오르지 않을 때가 있다. 그럴 때 우선 한 줄만 먼저 적자는 생각으로 글을 쓴다. 그러면 어느 틈엔가 한 줄을 채우게 되고, 곧 두 줄, 세 줄을 채우는 목표를 갖고 글을 쓰게 된다. 그러다 보면 어느새 A4용지의 반 페이지, 또는 한 페이지의 분량이 채워지는 것을 경험한다. 쉽게 말해, 크게 시작하지 않고 작게 시작하고 있다. 작은 목표는 세우기도 쉽지만 실천하는 것 역시 쉽다. 그리고 무엇보다 목표를 실천했다는 뿌듯함을 느끼게 해준다. 이렇게 '한 줄 쓰기'는 '한 페이지 쓰기'를 위한 하나의 마중물이 된다. 그리고 매일 한 페이지를 쓰는 힘이 된다.

플로리다대학교의 제리 율스만 교수는 영화 사진 수업에 참가한 학생들을 대상으로 재미있는 실험을 했다. 그는 학생들을 양적 집단과 질적 집단으로 나눴다. 양적 집단에 속한 학생들에게는 과제 사진을 100장 제출 시 A, 90장 제출 시 B, 80장 제출 시 C 학점을 주겠다고 말했다. 반면, 질적 집단에 속한 학생들에게는 본인이 생각했을 때 가장 잘 찍은 사진 1장을 제출하도록 했다. 결과는 놀라웠다. 두 집단을 통틀어 가장 완성도가 높은 사진을 찍은 학생이 양적 집단에서 나왔기 때문이다. 양적 집단에 속한 학생들은 다양한 각도와 구도에서 반복해 사진을 찍었을 것이다. 수백 장의 사진을 찍으며 그들의 실력은 놀라울 정도로 향상되었다. 반면, 단 한 장의 사진만 찍어도 되었던 질적 집단의 학생들은 반복해서 사진을 찍기보다는 단 한 장의 완벽한 사진을 찍기 위해 노력했을 것이다. 양적 집단에 속한 학생들은 실제로 연습을 했고, 질적 집단의 학생들은 이론에 머물렀다. 이러한 사례는 반복의 힘이 얼마나 큰지를 설명하는 좋은 예시가 된다.

책쓰기에서 반복이 지니는 힘 역시 이와 같다. 처음 글을 쓰기 시작한다면 아마 A4용지 1장을 채우는 것만으로도 많은 어려움을 느낄 것이다. 나 역시 그랬다. 모든 일이 그렇듯 첫 시작은 익숙하지 않고 어려울 수밖에 없다. 하지만 날마다 조금씩의 분량을 채우는 것을 목표로 글을 써나가다 보면 어느새 당신의 인생에서 자연스러운 한 부분이 된 책쓰기를 발견하게 될 것이다. 그리고 그렇게 책쓰기를 반복하다 보면 누구나 자신의 이름으로 된 책 1권을 출간할 수 있다.

책을 내고 싶다면 책쓰기를 최우선 순위로 두어야 한다. 어중간한 태도로는 결코 책을 완성해낼 수 없다. 미국의 소설가 에드거 로런스 닥터로Edgar Lawrence Doctorow는 글을 잘 쓰는 비결에 대해 다음과 같이 말한다.

> **"작가란 무엇인가? 글 쓰는 사람이다. 글쓰기를 계획하는 것은 글쓰기가 아니다. 책을 요약하는 것은 글쓰기가 아니다. 자료를 조사하는 것도 글쓰기가 아니다. 사람들에게 당신이 무엇을 하는지에 대해 얘기하는 것들도 모두 글쓰기가 아니다. 글쓰기는 실제로 글을 쓰는 것이다."***

---

* 칼 이글레시아스, 『시나리오작가들의 101가지 습관』, 이정복 옮김, 경당(2005), p162

언제까지 우물쭈물 글쓰기를 뒤로 미루며 살 것인가? 작가란 글을 실제로 쓰는 사람이다. 글쓰기를 게을리하지 말자.

| 작가들이 매일 실천하는 두 가지 |

책을 쓰기 위해서 필요한 습관 중 한 가지가 있다면, '새벽 기상'을 이야기하고 싶다. 새벽에 일찍 일어나 글을 쓰는 습관은 작가의 삶을 생각하면 흔히 떠올리는 이미지이기도 하다. 『회사어로 말하라』의 저자 김범준은 직장인이자, 대학원생이자, 16권의 책을 낸 작가다. 그는 그렇게 많은 책을 출간할 수 있었던 비결로 '새벽에 일어나 책을 쓰는 것'을 말한다.

나 역시 책을 써야겠다는 마음을 먹은 이후, 새벽 기상을 실천하고 있는 중이다. 매일 새벽에 일어나 간단한 스트레칭 후 바로 글을 쓰기 시작한다. 새벽에 글을 쓰면 좋은 점은 바로 맑은 정신으로 글을 쓸 수 있다는 것이다. 또한 새벽이라는 시간은 고요하기 때문에 글을 쓰는 데 집중하기 정말 좋은 시간이라고 할 수 있다. 또한 새벽에 일어나 글을 쓰는 것의 장점은 가장 의미 있는 행동 하나를 실천함으로써 그날 하루를 시작할 수 있다는 데 있다. 새벽에 집중해서 그날 써야 하는 글의 분량을 다 마치고 하루를 시작하는 것은 기분 좋은 하루를 시작할 수 있게 돕는다.

일정한 시간과 장소에서 계획된 분량만큼 계획된 방식으로 매일 쓸 때 가장 생산성이 높다고 심리학자와 교육학자들은 말한다. 뉴욕대학교 로버트 보이드 교수 역시 **"정기적으로 계획된 쓰기는 즉흥적인 쓰기보다 훨씬 낫다"***라고 강조한다. 흔히들 책을 쓰지 못하는 이유로 '시간이 없어서'라는 말을 많이 한다. 실제로 직장인의 경우, 퇴근 후 책을 쓰려고 하지만 피곤에 찌들어 글을 못 쓰는 경우도 종종 발생한다. 이러한 직장인들에게도 새벽은 책을 쓰기 가장 좋은 시간을 선물한다. 자신이 만약 시간이 없어 책쓰기를 실천하지 못하고 있는 직장인에 해당된다면 새벽 기상을 추천한다. 평소보다 1시간 일찍 일어나 쓰고 싶었던 책쓰기를 시작해보는 건 어떤가? 당신이 전업주부든, 학생이든, 어떠한 직업을 가지고 있든 새벽 시간은 책을 쓰기 가장 좋은 시간을 당신에게 선물할 것이다. 『시골의사 박경철의 자기혁명』을 쓴 박경철 원장은 다음과 같은 글을 썼다.

"목표에 도달하기 위한 첫걸음은 지금 내가 반복하고 있는 나쁜

---

* 송숙희, 『따라 쓰기의 기적』, 유노북스(2019), p72

습관 하나를 버리는 것이다. 담배를 끊어야겠다고 생각은 하면서도 막상 끊지는 못하고 있다면 당신의 애티튜드는 아직 다른 더 큰 것을 실행할 준비가 되어 있지 않은 것이다. 자신의 나쁜 습관을 바꿀 작은 행동의 변화조차 시도하지 못하면서 인생의 꿈을 말하고 그것을 이룰 최선의 준비가 되어 있다고 주장하는 것은 공허한 수다에 불과하다."*

박경철 원장의 글을 읽고 나서 늦게 자고 늦게 일어나는 습관을 버렸다. '목표에 도달하기 위한 첫걸음은 내가 반복하고 있는 나쁜 습관 하나를 버리는 것'이라는 그의 말이 내 가슴을 울렸기 때문이다. 책을 정말로 쓰고 싶은가? 그렇다면 오늘부터 당장 새벽 기상을 실천하라!

책을 쓰는 사람들이 공통적으로 가지고 있는 두 번째 습관은 운동이다. 오랜 기간 글을 써본 사람들은 공감하겠지만 글을 쓰는 일은 상당한 에너지를 필요로 한다. 당신이 글을 쓰기 시작한 사람이라면 글쓰기에 체력이 필요하다는 것을 금방 느낄 것이다. 많은 작가가 글쓰기와 더불어 운동을 권하는 이유기도 하

---

* 박경철, 『시골의사 박경철의 자기혁명』, 리더스북(2011)

다. 글 쓰는 사람은 몸과 정신을 건강하게 도울 수 있는 운동을 해주는 것이 좋다. 글을 쓰기 시작하면서 집 근처의 헬스장을 다니기 시작했다. 운동의 장점은 글을 쓰느라 온 정신이 집중되었던 두뇌를 다시 가볍게 풀어준다는 데 있다. 무엇이든 하나만 계속 집중하다 보면 무리가 생기기 마련이다. 우리의 뇌 역시 마찬가지다. 매일 저녁 8시가 되면 헬스장에 가서 러닝머신과 함께 가벼운 근력 운동을 해준다. 헬스장을 가는 길과 다시 집으로 오는 길에는 일부러 산책 삼아 동네를 더 걸어주곤 한다. 산책 역시 우리 뇌에 휴식을 줄 수 있는 좋은 운동에 해당하기 때문이다. 이렇게 산책을 하거나 운동을 하다 보면 글쓰기에 적용할 만한 좋은 아이디어가 떠오르기도 한다. 그럴 때면 스마트폰 메모장을 켜서 글쓰기에 필요한 아이디어를 옮겨 적는다. 운동을 꾸준히 하다 보면 얻게 되는 장점은 바로 내 삶을 내가 관리하고 있다는 느낌을 준다는 것이다. 이러한 느낌은 글을 쓰는 데도 긍정적인 효과로 작용한다.

6

책을 내는 순간 달라진다

나는 유명해지기 위해 글을 쓰는 것이 아니다.
내 인생의 가치를 높이기 위해 글을 쓴다.
아나이스 닌

| 왜 책을 내려고 하는가? |

이 책의 독자는 모두 책을 쓰고 싶어 하는 사람일 것이다. 당신은 왜 책을 쓰고 싶은가? 책을 쓰려면 먼저 책을 쓰려는 이유를 찾아야 한다. '위대한 리더들은 어떻게 영감을 주는가'라는 강연으로 TED Talks 5600만 뷰를 기록한 사이먼 시넥Simon Sinek은 성공한 사람들은 모두 'What'이 아닌 'Why'에 주목했다는 사실을 밝혀냈다. 그는 '골든 서클'이라는 이론을 창안했는데, 정리하면 다음과 같다.

겹겹이 쌓인 세 원이 있다. 가장 가운데 원은 Why, 그다음 원은 How, 가장자리의 원은 What에 해당한다. Why는 '왜 일을 하는지', How는 '어떻게 일을 하는지', What은 '무슨 일을 하는지'를 뜻한다. 사람들에게 영감을 주는 일에 성공한 사람은 모두 Why → How → What의 순서로 일한다.*

책을 써서 사람들에게 영감을 주는 일도 마찬가지다. 독자의 사랑을 받는 책을 쓰는 사람은 '왜 책을 쓰는지'에서 출발해 '어떻게 책을 쓸지', 그리고 '무슨 책을 쓸지'를 고민한다. 반면 독자의 외면을 받는 책을 쓰는 사람은 이와는 정반대의 길을 걷는다. '무슨 책을 쓸지'부터 시작해 '어떻게 책을 써야 할지'를 고민하다 결국 '나는 왜 책을 쓰지?'라는 질문에 도달하고 만다.

책을 쓰고 싶다면 '나는 왜 책을 쓰고 싶은지'를 먼저 고민해봐야 한다. 많은 사람이 그렇듯 책 한 권 출간해보는 것이 인생의 버킷리스트일 수도 있고, 나의 이야기를 세상에 알리는 것이 목표일 수도 있다. 나는 소비자가 아닌 생산자의 시각으로 세상을 살기 위해 책이 쓰고 싶었다. 책 출간은 독자에서 저자로, 소비자에서 생산자로의 변화를 돕는다. 생산자로서의 시각은 소비자로만 살 때는 볼 수 없던 것들을 보게 한다. 나아가 이전까

---

* 사이먼 시넥, 『나는 왜 이 일을 하는가?』, 이영민 옮김, 타임비즈(2013)

지는 생각하지 못했던 것들을 생각해볼 수 있게 한다. 또한 책을 통해 나의 전문성을 확보하고 싶었다. 특정 분야의 학위만으로 전문성을 인정받는 시대는 지났다. 특정 분야의 학위가 아니더라도 그 분야에 관한 책을 출간했다는 사실만으로 당신은 전문성을 인정받을 수 있다. 어떤 분야든 책을 출간하기 위해서는 그 분야에 관한 방대한 자료조사가 필요하며, 그 내용을 자신의 생각과 함께 잘 정리해내야 하기 때문이다. 소비자가 아닌 생산자로 발돋움하고, 한 분야의 전문성을 지닌 작가이자 강연자로 살고자 하는 것이 나의 책쓰기 이유라고 할 수 있다.

경영 전문가 공병호 박사는 **"앞으로 개인의 브랜드가 점점 중요해지게 되면 자신의 이름으로 자신의 경험을 포장하여 책을 내는 것처럼 효과 있는 일도 드물 것"**이라고 말했다. 지금은 퍼스널 브랜딩이 중요한 시대다. 스스로 자기 자신의 가치를 세상에 알릴 수 있어야 한다. 이러한 점에서 책쓰기는 브랜딩을 위한 아주 좋은 도구가 된다.

| 책을 쓰는 사람들이 흔히 하는 착각 |

책을 쓰는 사람이 흔히 하는 착각에는 무엇이 있을까? 가장 대중적인 착각은 바로 성공하거나 특별한 사람만이 책을 쓴다는 생각일 것이다. 사실 성공한 사람이나 특별한 사람이 책을 쓰기 쉬운 것은 맞다. 성공한 스토리 혹은 특별한 스토리 자체는 그 자체만으로 사람들의 관심을 불러일으킬 만한 책이 되기 때문이다. 하지만 이러한 사람들만이 책을 쓸 수 있다는 생각은 착각이다. 책은 누구나 쓸 수 있다. 그리고 사실 평범한 사람이 책 출간을 통해 성공하거나 특별해지는 경우가 훨씬 많다. 성공한 사람만 책을 쓸 수 있다는 생각은 책을 쓸 용기를 잃게 만든다. 성공하지 않아도 자신만의 이야기를 잘 풀어쓴다면 좋은 책을 완성할 수 있다는 사실을 믿어야 한다. 우리는 모두 저마다의 이야기를 가지고 있다. 책쓰기의 성공은 결국 자료조사와 더불어 자신만의 이야기를 얼마나 잘 녹여내느냐에 있다고 해도 과언이 아니다. 따라서 당신만의 이야기를 어떤 자료들과 함께, 어떻게 풀어낼 것인지를 고민해야 한다.

책을 쓰는 사람이 흔히 하는 두 번째 착각은 책을 완성하기 위해서는 뛰어난 글쓰기 능력이 필요하다는 것이다. 많은 사람이 작가를 떠올릴 때, 갑자기 어느 순간 영감을 받아 미친 듯이 글을 써 내려가는 사람의 모습을 떠올리곤 한다. 하지만 모든 작가가 그와 같은 것은 아니다. 책쓰기는 오히려 영감보다 꾸준함의 학문에 가깝다. 무라카미 하루키나 조앤 롤링(해리포터 시리즈 작가) 같은 세계적인 작가도, 이제 막 책쓰기를 시작한 예비 작가도 모두 꾸준히 글을 쓰지 않고서는 책을 완성할 수 없다.

책쓰기는 글쓰기와 다르다. 글쓰기는 뛰어난 문장력을 필요로 하지만, 책쓰기는 그보다는 완성에 더 초점을 둔다. 뛰어난 글쓰기 능력이 없어도 누구나 책쓰기에 성공할 수 있다. 책을 완성하기 위해서는 매일 일정 분량의 글을 써낼 수 있기만 하면 된다. 본인이 글을 처음 쓰기 시작했다 하더라도 너무 걱정하지 않길 바란다. 책에서 가장 중요한 건 문장력이 아닌 콘텐츠이기 때문이다. 내게 사람들과 공유할 만한 콘텐츠가 있고, 그 콘텐츠를 자신만의 언어로 풀어낼 수 있다면 누구든 책쓰기에 성공할 수 있다. 『뼛속까지 내려가서 써라』의 저자 나탈리 골드버그는 **"글쓰기는 민주적이다. 거기에는 계급이 없다. 노벨문학상을 받았다고 해서 뭐가 다르겠는가? 그 사람도 다음날 일어나서 다른 작품을 써야 한다"***라고 말했다. 그녀의 말처럼 세계적인 작가나, 지금 책을 처음 쓰기 시작한 당신이나 매일 글을 써야 하는 동일한 출발선상에 놓여있음을 기억하자. 매일 쓰는 사람은 반드시 책을 완성할 수 있다.

---

* 나탈리 골드버그, 『뼛속까지 내려가서 써라』, 권진욱 옮김, 한문화(2018)

| 누군가 읽는 글을 쓴다는 것 |

누군가 읽는 글을 쓴다는 건 어떤 의미일까? 책쓰기와 글쓰기의 차이점이 바로 여기에 있다. 글쓰기가 나를 위해 쓰는 것이라면, 책쓰기는 나 자신이 아닌 다른 사람을 위해 쓰는 것이다. 책쓰기와 일기 쓰기가 다른 점 역시 여기에 있다고 할 수 있다. 누군가가 읽는 글을 쓴다는 데는 책임감이 필요하다. 누군가가 읽는 글을 쓰는 사람은 좋은 글을 써야만 한다. 사람들의 삶을 변화시킬 수 있는 글을 써야 한다. 좋은 글로 구성되어 있는 책은 독자들에게 입소문이 나고 자연히 판매 부수가 오른다. 많은 독자에게 읽히기 위한 책을 쓰고 싶다면 '좋은 콘텐츠'로 구성된 책을 써야 하는 이유다. 그러기 위해서는 충분히 자료를 조사해야 하고 공부도 해야 한다. 충분히 사색하는 시간 역시 필요하다. 글을 쓸 때 사색하는 시간을 많이 갖는 편이다. 글을 쓰다 가만히 눈을 감고 머릿속을 비우려 하다 보면 오히려 좋은 영감이 떠오르는 걸 경험하곤 한다. 보통 집에서 글을 많이 쓰는데, 멍하니 창밖을 바라보며 글에 필요한 영감을 떠올릴 때도 많다. 창밖으로 지나가는 사람들, 차들, 혹은 나무들을 쳐다보며 글에 필요한 영감을 얻는다.

누군가가 읽는 글을 쓴다는 건 책임감을 필요로 하지만 기분 좋은 설렘을 주기도 한다. 내 글을 읽고 마음의 변화 혹은 도전을 경험할 사람들을 생각하면 책이 완성되기 전부터 뿌듯함을 느낀다. 생각해보면 우리는 알게 모르게 주위 사람들에게 크고 작은 영향을 주면서 살아간다. 책을 쓰는 행위 역시 마찬가지다. 우리는 그저 담담하게 써 내려간 글들이 어떤 사람에게는 인생을 뒤바뀌게 하는 글이 될 수 있다는 걸 알아야 한다. 좋은 글에는 사람의 삶을 변화시킬 힘이 있다.

지난 3년간 200여 권의 책을 읽으면서 많은 성장과 변화를 경험했다. 우리는 좋은 글을 써야 한다. 독자의 위치로 내려가 내가 쓰고 싶은 글이 아니라 독자가 읽고 싶어 하는 글을 써야 한다. 내 글을 읽는 사람이 지금 어떤 것을 가장 필요로 할지 생각해 보자. 그들이 어떤 상황에 처해 있고 어떤 도움을 얻고자 하는지를 생각할 때, 당신의 글은 좋은 글이 될 수 있을 것이다. 좋은 글은 사람들의 구체적인 변화를 도와줄 수 있는 책이다. 사람들은 자신의 삶의 변화를 돕는 책을 돈을 주고 산다.

7

책쓰기로 제2의 삶을 시작하라

작은 변화가 일어날 때 진정한 삶을 살게 된다.

레프 톨스토이

| 쉽게 책쓰기를 도전하지 못하는 이유 |

많은 사람이 책쓰기를 꿈꾸면서도 선뜻 도전하지 못하는 모습을 많이 본다. 이들이 책쓰기를 도전하지 못하는 이유는 다음과 같다.

첫째, 두려움 때문이다.

두려움은 내가 할 수 있는 일도 할 수 없게 만든다. 18세기 프랑스 화가 피에르 앙투안 보두엥은 두려움에 관해 **"성공하려**

고 아무리 열심히 노력해도 실패에 대한 두려움이 마음에 가득하다면 노력하지 않게 되고, 정진이 허사가 되어 성공은 불가능해질 것이다"라고 말했다. 그의 말처럼 두려움은 책쓰기에 도전하고자 하는 마음을 허사로 만든다. 두려움을 품고 있다면 결코 책쓰기에 성공할 수 없다. 대한신경정신의학회에 따르면, 두려움을 극복하는 가장 좋은 방법 중 하나는 두려움과 정면으로 맞서는 것이라고 한다. 책쓰기에 관한 두려움 역시 마찬가지다. 두려움이란 실체가 있는 것이 아니다. 내 정신을 지배하는 하나의 허상에 불과하다. 책쓰기에 대해 두려움이 생긴다면 실제로 글을 써라. 쓰면 두려움은 사라진다.

둘째, 주변에 책을 쓰는 사람이 많지 않기 때문이다.

인간은 주변 환경의 영향을 받을 수밖에 없도록 태어났다. 주위 사람 중 책을 출간한 경험이 있거나 작가를 꿈꾸는 사람이 얼마나 되는지 살펴보면, 아마 얼마 없다는 걸 발견할 것이다. 하지만 주위에서 책을 쓰는 사람을 쉽게 찾아볼 수 없다고 해서 당신 또한 책쓰기를 시도하지 않을 이유는 없다. 책을 쓰는 행위는 내가 아닌 다른 사람들을 위한 행위다. 도움이 되는 유용한 정보를 세상에 알리는 것이기 때문이다. 오히려 내가 그런 책을 써서 주변 사람들이 '나도 한번 책을 써볼까?'라는 마음이

들도록 하는 것은 어떨까?

셋째, 완벽주의 때문이다.

많은 사람이 '잘 써야 한다'라는 완벽주의 때문에 책쓰기를 시도조차 못한다. 손자병법에는 **"졸속拙速이 지완遲完을 이긴다"** 라는 말이 나온다. 즉, 조금 부족한 상태로 시작하는 것이 완벽함을 위해 질질 끄는 것보다 낫다는 말이다. 지금 쓰고 있는 이 책 역시 완벽하고자 하는 마음을 가졌다면 결코 쓸 수 없었을 것이다. 글쓰기 또는 책쓰기를 한 번도 정식으로 배운 적이 없다. 고등학교 시절 그 많은 학생들이 다녔던 논술 학원조차 다닌 적이 없다. 하지만 3년간 200권의 책을 읽으며 블로그에 약 570편의 글을 썼고, 7권의 전자책과 1권의 종이책을 출간했다. 그리고 지금 이렇게 책쓰기를 주제로 책을 완성할 수 있었다. 이 모든 일은 완벽을 기했다면 시작도 못했을 일이다.

완벽주의는 책쓰기를 시작하지 못하게 만든다는 단점 외에도 책쓰기를 즐기지 못하게 만든다는 단점이 있다. "천재는 노력하는 사람을 이길 수 없고, 노력하는 사람은 즐기는 사람을 이길 수 없다."라는 말이 있다. 책쓰기는 하기 싫은 일이 아니라 그 자체로 즐거운 하나의 놀이가 되어야 한다. 그래야만 지치지 않고 책을 써낼 수 있다. 완벽해야 한다는 강박증은 책쓰기를 부담으로, 또 고행으로 만든다. "때로는 힘을 뺄 때 더 강해지는 법"이라는 말이 있다. 책쓰기 역시 마찬가지다. 힘을 빼고 가벼운 마음으로 글을 쓰기 시작할 때 책쓰기가 한결 편해지는 것을 경험하게 될 것이다. 『내 인생의 첫 책쓰기』를 쓴 오병곤 작가는 **"'잘' 쓰려는 생각을 버리라. 글을 잘 쓰려면 '잘'을 빼야 한다**"라고 말했다. 잘 쓰려는 생각을 버리자. 그럴 때 당신은 오히려 책을 잘 쓰게 될 것이다.

| 바로 지금이 책쓰기를 시작할 때다 |

탈무드에는 다음과 같은 글귀가 적혀져 있다. **"0에서 1까지의 거리가 1에서 100까지의 거리보다 길다."** 0에서 1까지의 거리는 시작을 의미한다. 많은 사람이 다양한 이유로 책쓰기를 시작하지 못한다. 그렇게 평생 1까지 도달하지 못한 채 0에 머문다. 반면 최선의 노력을 다해 1까지 도달해본 사람은 꾸준히 100까지 나아갈 힘을 얻는다. 시작은 또 다른 시작을 낳고, 작은 성취는 큰 성취를 낳기 때문이다.

당신의 나이가 30대든, 40대든, 50대든 중요하지 않다. 책쓰기에는 연령 제한이 없기 때문이다. 한 살이라도 젊을 때부터 책을 쓰는 것이 좋다고 믿는다. 지금 이 책을 쓰고 있는 나의 나이는 20대 후반이다. 스무 살 때부터 책쓰기를 시작했다면, 아니 그보다 더 어린 10대부터 책을 쓰기 시작했다면 어땠을까 하는 생각을 한다. 스무 살 때부터 1년에 한 권씩만 출간해도 현재 10권 가까이 되는 책을 출간한 작가가 되었을 것이기 때문이다. 100세 시대를 지나 120세 시대를 언급하는 시대를 살고 있다. 의료기술의 발달로 어쩌면 그보다 더 오래 살 수 있게 될지도 모른다. 당신의 현재 나이가 40세라면 1년에 1권씩만 출간해도 60세에는 20권의 책을 출간한 작가가 되어 있을 것이다. 대한민국에서 20권 이상의 책을 출간한 작가는 그렇게 많지 않다.

이 책의 제목은 『하루 1시간, 8주에 끝내는 책쓰기』이다. 8개월이 아니다. 8주다. 단 8주면 책을 완성할 수 있다. 책을 쓰는 사람은 결코 특별한 사람이 아니다. 이 책을 쓰게 된 동기는 누구나 책을 쓸 수 있다는 사실을 알리고, 스스로의 힘으로 1권의 책을 완성할 수 있도록 돕기 위해서다. 중국의 철학자 노자는 말했다.

> **"큰 나무도 가느다란 가지에서 시작된다. 10층 석탑도 작은 벽돌을 하나하나 쌓아 올리는 것에서 출발한다. 천릿길도 한 걸음부터 시작이다. 마지막에 이르기까지 처음과 마찬가지로 주의를**

기울이면 어떤 일이라도 탁월하게 해낼 수 있다.”

서점에 진열되어 있는 수많은 책의 주인공들을 언제까지 부러워만 하고 있을 것인가? 지금 바로 시작하라. 성공하는 사람과 실패하는 사람의 차이점은, 성공하는 사람은 성공 가능성에 초점을 두지만 실패하는 사람은 실패 가능성에 초점을 둔다는 것이다. 성공하는 사람은 1%의 성공 가능성에 초점을 맞추는 사람이다. 반면, 실패하는 사람은 언제나 실패할 수밖에 없는 99%의 이유를 찾는다. 당신은 성공하는 사람인가, 아니면 실패하는 사람인가? 하우석 작가의 『내 인생 5년 후』에 보면 다음과 같은 말이 나온다.

> **“인생의 진리는 단순하다. 시간만 있으면 누구나 성공한다. 성공하려면 시간을 내야 한다. 따뜻한 가슴과 차가운 머리를 가진 독종만이 시간을 자신의 편으로 만든다.”***

책쓰기에 시간을 내자. 더 이상 시간이 없어 쓰지 못한다는 핑계대기를 그만둬라. 지금이 책을 쓰기 가장 좋을 때다.

---

* 하우석, 『내 인생 5년 후』, 다온북스(2016), p245

제2부

8주 만에 끝내는 책쓰기 3단계

2장

1주차 자료조사

책쓰기는 자료조사다

1

어떻게 자료조사를 하느냐고 묻는다면

어떤 주제에 대한 지식을 정리하기 위해서는 먼저 책을 읽고,
관련 분야의 전문가를 만나고, 생각을 충분히 하는 과정이 필요하다.
여기에 한 가지를 더한다면 그것은 바로 글쓰기다.

공병호

| 충분한 자료조사 없이 완성되는 책은 없다 |

우리에게 잘 알려진 베스트셀러 작가들은 책을 쓰기 전, 자료조사를 게을리하지 않는다. 『불멸의 이순신』, 『나, 황진이』 등 40여 권의 소설을 쓴 김탁환 작가는 책 집필 전에 방대한 자료를 수집하는 것으로 유명하다. 그는 방대한 자료조사 결과에 탁월한 상상력을 더해 작품을 완성한다. 이처럼 자료조사는 책을 쓰는 사람이라면 누구나 거쳐야 할 하나의 필수 관문이라 할 수 있다. 자료조사 없이 쓴 책의 내용은 공허하다. 많은 사람에게 읽히는 양질의 책을 쓰기 위해서는 반드시 충실한 자료조사가 선행되어야 한다.

| 자료조사, 어떻게 해야 하는 걸까? |

당신의 목적은 책을 집필하는 것이다. 따라서 당신이 가장 먼저 할 일은 이미 출간된 관련 주제의 책을 읽어보는 것이다. 최소 10권에서 20권의 책을 읽어보길 추천한다. 나 역시 이 책을 쓰기 위해 책쓰기 분야에 관련된 책만 40권을 읽어보았다. 여기에 투자하는 시간과 비용을 아까워하지 말라. 이는 당신이 쓰는 책의 퀄리티 향상으로 이어지기 때문이다.

자료조사를 위한 책 읽기를 할 때 중요한 점은 짧은 시간 안에 몰아서 책을 읽어야 한다는 것이다. 그렇게 하지 않으면 자료수집이 제대로 되지 않고, 읽었던 책 내용들을 잊어버리게 된다. 자료조사의 기간을 최대 1개월로 잡는 것을 권한다. 1개월 안에 쓰고자 하는 책의 주제와 관련된 책들을 모조리 읽도록 하자. 여기서 중요한 점은 책을 읽기만 해서는 안 된다는 것이다. 읽은 책에서 필요할 것 같은 내용들은 따로 발췌를 해놓아야 한다. 그래야 나중에 책을 쓸 때 인용 자료로 사용할 수가 있기 때문이다. 발췌와 함께 짧은 단상을 남겨놓는 것도 좋다. 차후 책을 쓸 때 나의 생각을 보충하는 자료로 활용할 수 있기 때문이다. 경쟁 도서들을 읽으며 책마다 공통적으로 이야기하는 부분은 당신이 쓰고자 하는 책에도 넣어야 하는 내용이다. 반대로 어떤 책에서 부족한 부분을 느꼈다면 당신이 쓰고자 하는 책에서는 그 부분을 보충해서 적으면 된다.

자료를 활용할 때 유의할 점은 단순히 자료를 인용하는 것에 그쳐서는 안 된다는 것이다. 해당 자료와 관련된 작가만의 통찰력이 드러나야 한다. 즉, 자료와 관련하여 작가의 생각이 무르익어야 한다. 그러기 위해서는 깊은 사색의 시간이 필요하다. 이러한 사색은 자료들을 작가만의 시각으로 해석할 수 있도록 돕는다. 그리고 그렇게 재해석된 자료들은 좋은 책을 만든다.

그렇다면 이미 출간된 관련 분야의 책을 읽어보는 것에는 어떤 유익이 있을까?

첫째, 내 책의 목차와 내용을 어떻게 구상해야 할지 감을 잡는 데 도움이 된다.

모방은 창조의 어머니라는 말이 있다. 세상에 새로운 것은 없다. 박종하 창의력 연구소 대표는 **"모방과 창조는 반대편에 있으면서도 어쩌면 같은 것이다"***라고 말했다. 참고하기 좋은 책들이 이렇게 많이 출간되어 있는데 굳이 참고하지 않을 이유는 없다. 다양한 책을 참고해 나의 책을 구상하는 데 활용하도록 하자.

둘째, 기존에 나와 있는 책을 참고해 관련 분야 '최고'의 책을 집필할 수 있다.

첫 번째 유익 역시 중요하지만, 독자에게 인정받는 책을 써야 하는 당신에게 가장 중요한 건 두 번째 유익이다. 내가 쓸 책의 차별점을 찾기 위해서는 해당 주제의 기존 책을 분석하는 일이 필수다. 당신의 경쟁 상대는 교보문고, 영풍문고 등 대형 서점에 이미 올라와 있는 기존 책의 저자다. 구매해서 읽는 것이 부담스럽다면 책 소개 글이라도 살펴보는 자세가 필요하다.

셋째, 내가 쓸 책의 콘셉트가 분명해진다.

콘셉트가 분명하지 않은 책은 판매되지 않는다. 판매되는 책을 만들기 위해서는 다른 책과 차별화된 콘셉트를 기획해야 한다. 내 책의 콘셉트를 정하기 위해서는 기존 책들이 지닌 콘셉트를 확인해야 한다. 유사 도서들의 콘셉트를 분석해 어떠한 부

* 박종하 대표 인터뷰, 월간 품질경영 매거진 2020년 12월호 Creativity 시리즈 (https://m.post.naver.com/viewer/postView.naver?volumeNo=30173216&memberNo=51355096)

분에서 내 책을 차별화시킬지 고민해야 한다.

이렇듯 관련 분야 경쟁 도서 분석을 마쳤다면 당신은 차별화된 책을 집필할 준비를 마친 셈이다. 모든 콘텐츠의 차별화 포인트는 기존 콘텐츠가 지닌 아쉬움과 한계에서 출발하기 때문이다. 경쟁 도서를 읽지 않고 책을 집필하는 것은 절대 금물이다. 특히 당신의 책이 많은 자료조사를 요구하는 책이라면 더욱 그렇다. 독자를 설득하는 책을 쓰기 위해서는 글의 '신뢰도'가 요구된다. 신뢰를 얻기 위해서는 '권위'가 필요하고, 권위를 얻기 위한 가장 좋은 소스Source는 종이책이다.

자료조사하기 매우 좋은 시대다. 사실 종이책만 참고해 책을 집필하기에는 한계가 있다. 사소하게는 사전 검색부터 관련 블로거 등의 글을 참고할 필요가 있기 때문이다. 따라서 인터넷을 통한 자료조사는 반드시 요구된다고 할 수 있다.

〈브런치〉라는 콘텐츠 퍼블리싱 플랫폼이 있다. '글이 작품이 되는 공간'이라는 슬로건을 사용하며 매년 작가를 발굴하는 프로젝트를 여는 이곳에는 다양한 분야의 글이 올라온다. 글쓰기를 좋아하는 사람이 많은 곳이라서 그런지, 어떤 글은 웬만한 책에 적힌 글만큼 수준이 높다는 생각을 하며 읽곤 했다. 이러한 글들 역시 책쓰기에 참고할 만한 좋은 재료가 될 수 있다. 인터넷을 통한 자료조사 시 경쟁 도서들의 서평을 확인하는 것도 좋은 자료조사 방법이 된다. 경쟁 도서에 대한 칭찬과 비판의 글들을 읽어보도록 하자. 그리고 특히 비판적으로 적힌 부분을 잘 보완하여 당신의 책에 보충하도록 하라.

인터넷을 통한 자료조사 시 각종 언론매체를 통해 정보를 입수하는 것 역시 효과적이다. 네이버나 다음 등 자주 사용하는 포털에 특정 키워드를 검색하면 관련 언론 기사들이 올라오는 것을 확인할 수 있을 것이다. 이러한 기사들에는 당신이 생각하는 것 이상으로 유용한 정보가 포함된 경우가 많다. 다양한 키워드를 검색하며 책쓰기에 필요한 자료를 조사하도록 하자. 다큐멘터리 역시 좋은 자료조사 도구가 된다. 특히 우리 사회에서 이슈가 되고 있는 분야에 관해서는 웬만하면 다큐멘터리가 다 제작되어 있다. 다큐멘터리는 책에서는 얻을 수 없는 정보를 제공하곤 한다. 다큐멘터리와 함께 참고하면 좋은 것은 강연이다. 매일 헬스장에 가서 운동을 할 때면 항상 귀에 이어폰을 꽂고 강연을 듣는데, 이때는 내가 쓰고 있는 책의 분야와 관련된 강연을 듣는다. 가령 '책쓰기'를 주제로 책을 집필하고 있다면 '책쓰기'를 주제로 한 강연을 듣는 것이다. 한 번은 책쓰기를 주제로 책을 쓴 저자의 강연을 유튜브를 통해 들은 적이 있다. 이미 책을 통해 해당 작가의 책쓰기 노하우를 들은 상태였는데, 활자로 된 정보와 그가 실제로 말하는 것은 또 다르게 와닿았다. 이렇듯 강연은 책에서는 전달할 수 없는 정보를 전달하곤 한다. 다양한 채널을 통해 자료조사를 진행해보도록 하자.

2

책쓰기 소재는 어떻게 발견하는가?

당신이 읽고 싶은 책이 있지만 아직 그런 책이 존재하지 않는다면,
당신이 그런 책을 쓰면 된다.
토니 모리슨

| 누구나 책을 쓸 소재를 가지고 있다 |

누구나 책을 쓸 수 있는 소재를 가지고 있다. 하지만 슬프게도 대다수는 본인이 그러한 소재를 가지고 있다는 사실을 인지하지 못한다. 이 책을 읽고 있는 당신은 다양한 이유로 책쓰기에 관심을 갖게 되었을 것이다. 일단 책을 출간해야겠다고 마음먹었다면, 자신에게 책을 쓸 만한 소재가 있다는 것을 믿어야 한다. 그리고 적극적으로 소재를 찾는 시도를 해야 한다. 내가 만난 어느 베스트셀러 작가는 "책을 쓴다는 건 산 만큼 쓰는 것"이라고 말해주었다. 책을 쓰는 행위는 자신이 살아온 흔적을 남기는 행위와 다름없다. 즉, 책의 소재는 멀리서 찾을 것 없이 당신 자신에게서 충분히 찾을 수 있다는 뜻이다.

대학생인가? 학점 잘 받는 법, 대외활동 여러 개 하는 법, 보고서 잘 쓰는 법 등을 주제로 써보는 건 어떤가? 제목을 정해보자면 'A학점을 부르는 공부의 기술', '대외활동 노하우 나에게 물어봐', '누구나 하루 만에 따라 할 수 있는 보고서 작성 기술' 등으로 정할 수 있을 것이다. 직장인인가? 회사 사람과 완만히 지내는 법, 직장에서 인정받는 법 등을 주제로 써보는 건 어떨까? 나라면 '회사에서 알려주지 않는 회사 생활의 비밀', '인정받는 직장인은 이렇게 일합니다' 등으로 제목을 정할 것 같다. 전업주부인가? 자녀 육아, 요리 등을 주제로 책을 집필해보는 건 어떤가? '육아가 서툰 당신을 위한 부모 수업', '집밥 요리 이렇게 쉬웠어?' 등으로 제목을 정할 수 있을 것이다.

이 밖에도 당신의 삶은 다양해서 책 소재로 삼을 만한 주제는 무궁무진하다. 단지 앞에서 말했듯 발견하지 못하고 있을 뿐이다. 책의 소재는 다름 아닌 당신 속에 있다. 그것을 찾아 꺼내 쓸 수 있어야 한다. 책의 소재를 정하는 데 도움이 되는 10가지 질문 리스트가 있다. 아래 리스트에 답하는 과정을 통해 당신만의 책쓰기 소재를 발견해 봤으면 좋겠다.

책 소재 정하는 데 도움이 되는 10가지 질문 리스트

- 최근 1년간 가장 집중했던 일이 있나요? 있다면 그 일은 무엇인가요?
- 원래 어려워했지만, 자신만의 노하우를 터득해낸 일이 있나요?
- 지금껏 살아오면서 남들에게 이야기하고 싶은 메시지 단 하나를 꼽는다면 무엇인가요?
- 최근 3달 이내 주변 사람에게 '잘한다'라고 칭찬 들었던 일엔 무엇이 있나요?
- 요즘 내가 관심 있어 하거나 좋아하는 일은 무엇인가요?
- 인생에서 겪었던 가장 큰 실패는 무엇인가요? 또 어떻게 극복해냈나요?
- 현재까지 살아오며 가장 오랫동안 지속한 일에는 무엇이 있나요?
- 최근 1년간 이뤄낸 가장 큰 성취는 무엇인가요?
- 최근 3년간 주변 사람에게 일이나 기술적으로 도움을 주었던 것이 있나요?
- 나의 전문성은 무엇이라고 생각하나요?

사람들의 책쓰기를 돕다 보면 다음과 같은 이야기를 많이 듣는다. "저도 책쓰기를 시작하고는 싶은데, 책쓰기를 시작할 만한 콘텐츠가 없어서 고민입니다.", "저 사람은 저런 게 있어서 가능하지만, 저 같은 사람은 아무것도 할 수 없는 것 아닌가요?" 이처럼 내가 만난 많은 사람들은 자신이 가진 지식과 경험의 가치를 몰랐다. 이 책을 읽고 있는 당신 역시 그럴 수 있다고 생각한다.

작가는 창조자와 다름없다. 작가는 자신의 평범한 일상에서 주목할 만한 가치를 찾아낼 수 있어야 한다.

일례로 책쓰기 컨설팅을 통해 만난 분 중 자신이 가지고 있는 지식과 경험을 묻는 질문지에 아무 생각 없이 대학 시절의 '발명 동아리' 활동을 적으셨던 분이 있었다. 그분은 1년간 발명 동아리 활동을 했는데, 거기서 주로 했던 일이 아이디어를 스케치하고 구체화하는 작업이었다. 그분은 사실 이 활동에 대해 그렇게 큰 가치를 두지 않았지만, 나는 이 활동이야말로 지식 콘텐츠화하기 너무 좋은 경험이라고 생각했다. 현재 지식창업이 각광받고 있다는 점, 지식창업은 아이디어 싸움이고 그 아이디어를 구체화해주는 사람이 있다면 사람들은 기꺼이 비용을 지불해서라도 도움을 받을 것이라는 점을 설명드렸다. 그분은 현재 지식창업 아이디어 스케치·구체화 전문가를 목표로 열심히 브랜딩해 가고 있다. 이처럼 당신이 생각하는 별일 아닌 것 같은 일도 사실 대단한 가치를 지닌 일일 수 있다는 것을 깨달아야 한다.

| 나만의 책쓰기 소재 발견하는 법 |

당신의 책쓰기 소재를 발견하는 방법은 크게 두 가지 과정으로 이루어져 있다고 할 수 있다. 첫 번째는 '내가 가진 지식 찾기'이고, 두 번째는 '그 지식을 콘텐츠화하기'이다.

1. 내가 가진 지식 찾기

내가 가진 지식은 어디서 찾을 수 있을까? 바로 지식은 '경험'을 통해 찾게 된다. 이게 무슨 말일까? 여기서는 '리스트업'이라는 걸 할 필요가 있다. 리스트업이란, 당신이 가지고 있는 경험을 쭉 나열해보는 것을 의미한다. 예를 들면 다음과 같다.

- 요리
- 다이어트
- 새벽 기상
- 취업
- 이직
- 독서
- 글쓰기
- 책쓰기

- 학원 운영
- 인스타그램 운영
- 블로그 운영
- 유튜브 운영
- 공동구매
- 육아
- 해외살이
- 스마트스토어 운영
- 적금, 예금
- 주식 투자
- 부동산 투자
- 기록
- 정리하기

2. 그 지식을 콘텐츠화하기

이렇게 경험을 나열했다면 그 경험에 '~ 방법', '~ 노하우' 등을 붙여본다. 예를 들면 다음과 같이 말이다.

- 요리하는 법
- 다이어트하는 법

- 새벽 기상하는 법
- 취업하는 법
- 이직하는 법
- 독서법
- 글 쓰는 법
- 책 쓰는 법
- 학원 운영 노하우
- 인스타그램 운영 노하우
- 블로그 운영 노하우
- 유튜브 운영 노하우
- 공동구매 노하우
- 육아 노하우
- 해외살이 노하우
- 스마트스토어 운영 방법
- 적금, 예금 노하우
- 주식 투자 노하우
- 부동산 투자 노하우
- 기록하는 법
- 정리하는 법

어떤가? 당신이 가지고 있는 경험에 '~ 방법', '~ 노하우'만 붙였는데도 사람들에게 도움을 줄 만한 지식으로 변화된 것이 보이는가? 당신의 경험을 리스트업해보자. 그리고 그 경험에 '~ 방법', '~ 노하우'를 붙여 지식으로 만들어보길 바란다. 그렇게 만들어진 지식이 바로 당신이 지금 당장이라도 책을 쓸 수 있는 소재다. 여기서 한 가지 더 팁을 주자면, 이렇게 만들어진 지식을 또 두 가지 방법으로 정교화할 수 있다.

1) 그룹핑Grouping

2) 디바이딩Deviding

단순하다. 나열된 연관 지식 중 서로 유사한 것을 묶어 주제를 확장시킬 수도 있고, 또는 하나의 지식을 여러 개로 쪼개어 더 세부적인 주제를 만들 수도 있다는 것이다. 그룹핑과 디바이딩의 예시는 다음과 같다.

- 취업, 이직 → 커리어 코칭 (그룹핑)
- 인스타그램 운영, 블로그 운영, 유튜브 운영
  → SNS 마케팅 (그룹핑)
- 적금, 예금, 주식 투자, 부동산 투자 → 재테크 (그룹핑)

• 요리 → 한식 요리, 중식 요리, 양식 요리 (디바이딩)
• 부동산 투자 → 아파트 투자, 상가 투자, 토지 투자 (디바이딩)
• 정리 → 주방 정리, 옷장 정리, 욕실 정리 (디바이딩)

어떤 주제를 생각만 하는 것과 실제로 그 주제에 맞는 글을 써내는 것은 천지 차이다. 사람들은 자신에게 먼저 인지시켜준 사람의 이야기를 진짜로 인식한다. 우리는 다른 사람들보다 먼저 내가 쓸 주제를 사람들에게 인식시키는 데 중점을 두면 된다. 남들이 이미 해당 주제로 책을 썼다고 해도 포기할 필요는 없다. 약간의 변형과 적절한 수식어를 붙임으로써 새로운 콘셉트의 책을 기획하면 되기 때문이다. 하늘 아래 완전히 새로운 것은 없다. 다른 사람이 시도하기 전에 과감히 도전해 보자. 지금 쓰고 있는 이 책 역시 아직 '8주 책쓰기'를 주제로 한 책이 출간되지 않았다는 것을 파악한 후 과감히 집필을 시작한 경우다. 이미 해당 주제로 책이 출간되었다면, 조금의 변형과 약간의 수식어를 더해 새로운 콘셉트의 책을 기획해 보자. 그러면 당신만의 특별한 책이 탄생할 것이다.

3

주제는 어떻게 정할까?

모든 사람들에게 매일 수천 개의 글쓰기 아이디어가 지나간다.
좋은 작가들은 그중에서 대여섯 개의 아이디어를 얻지만
대부분의 사람들은 아무런 아이디어도 얻지 못한다.
오슨 스콧

| 내가 쓸 책의 주제 찾는 법 |

현재 블로그상에서 온라인 책쓰기 모임을 3년째 운영 중이다. 모임을 운영하며 만나는 사람들은 종종 책을 써야겠다는 마음은 먹지만, 어떤 책을 써야 할지 몰라 고민이라는 이야기를 하곤 한다. 그런 분들께 항상 묻는다. "○○님은 왜 책을 쓰고자 하시나요?"

어떤 책을 써야 할지 모르겠는 상황에서 뜬금없이 책을 쓰는 이유를 묻는다는 생각이 드는가? 책을 쓰고자 하는 이유가 중요한 건 바로 책을 쓰는 동기에 따라 집필 방향에 차이가 생기기 때문이다. 예를 들어, 자기만족을 위해 책을 쓰고자 하는 사람과 수익을 목적으로 책을 쓰려는 사람은 집필 과정에서 고려해야 할 사항에 차이가 있을 수밖에 없다. 자기만족을 위해 책을 쓰는 사람은 말 그대로 책을 '완성'시키기만 하면 된다. 하지만 수익을 목적으로 책을 쓰는 사람은 다르다. 수익을 목적으로 책을 출간하고자 하는 사람은 먼저 사람들이 관심 있어 하고 많이 찾는 책이 어떤 주제인지를 알아야 한다. 그리고 그 주제에 맞는 책을 집필하기 위해 노력해야 한다. 또한 이 주제가 책 출간 이후 수익 모델을 확장시킬 수 있는 주제인지도 생각해봐야 한다. 예를 들어, 해당 주제로 책 출간 후 강의나 컨설팅을 하는 것 등을 생각할 수 있다. 나의 경우는 개인 브랜딩이 책을 쓰고자 하는 동기다. 따라서 내가 쓰고자 하는 책의 주제가 과연 나의 퍼스널 브랜딩에 도움이 되는 주제인지를 점검해야 한다. 운영 중인 온라인 책쓰기 모임을 오프라인 모임으로 확장해 운영하고 싶은 목표가 있다. 나아가 지금보다 더 영향력 있는 책쓰기 강사가 되고 싶다. 이러한 목적으로 '책쓰기'를 주제로 책을 쓴다고 하면 책을 쓰고자 하는 목적에 적합한 주제를 택했다고 할 수 있다. 이렇듯 내가 쓸 책의 주제를 정하기 위해서는 먼저 '나는 왜 책을 쓰려고 하는지'를 점검하는 것이 필요하다.

| 팔리는 책 콘텐츠 종류 4가지 |

1. 지식Knowledge 분야

지식 콘텐츠 분야는 이미 해당 분야 지식을 갖춘 사람이 쓰기에 적합한 분야라 할 수 있다. 하지만 '자료조사'를 활용하면 해당 분야의 지식이 없는 사람도 쓸 수 있다.

예) 독서법, 글쓰기, 대화법, 공부법, 심리학, 뇌과학, 세계사, 한국사, 미술사, 엑셀, 파이썬, IT, NFT, 메타버스, 브랜딩, 퍼스널 컬러 등

2. 노하우Know-How 분야

가장 많은 사람이 쓰고, 따라서 가장 많이 판매되는 분야다. '한 사람의 노하우'를 남들에게 돈을 받고 팔 수 있는 시대가 되었다. 오늘날의 '전문성'은 자격증이나 학위가 아닌, 소비자에게서 부여된다. 당신의 노하우를 필요로 하는 사람은 반드시 있고, 당신은 얼마든지 책을 만들어 기대를 충족시킬 수 있다.

예) 연애 노하우, 인간관계 노하우, 요리 노하우, 영어회화 노하우, 아파트 청약 노하우, 장사 노하우, 육아 노하우, 자기관리 노하우, 주식 투자 노하우, 경매 노하우, 운동 노하우, 부동산 투자 노하우,

디지털 드로잉 노하우, 보고서 작성 노하우 등

3. 경험 Experience **분야**

경험 분야의 책은 아직 내가 겪지 못한 경험에 대한 궁금증을 해소해준다. 만약 당신에게 남들이 궁금해할 만한 경험이 있다면, 그 경험을 책으로 만들 수 있다.

예) 여행 경험, 교사 경험, 유학 경험, 교환 학생 경험, 군대 경험, 아르바이트 경험, 워킹홀리데이 경험, 교사 경험 등

4. 생각 Thinking **분야**

우리는 다른 사람의 이야기에 쉽게 위로받고, 공감하며, 도전을 얻는다. 생각 분야의 책이 판매될 수 있는 이유가 바로 여기에 있다. 지식과 노하우만이 수익 창출로 이어지는 것이 아니다. 누군가에게는 당신이 가진 '통찰'이 무엇보다 필요한 상품이 될 수 있다. 또 누군가에게는 당신이 주는 '위로'가 돈을 지불할 만큼 값진 것일 수도 있다.

예) 에세이, 산문, 시 등

| 책을 잘 쓰기 위해서는 '저자'가 아닌 '독자'에 집중해야 한다 |

책과 일기장의 차이가 있다면 무엇일까? 책과 일기장의 차이점은 책은 독자들이 읽기 위해 쓰인 반면, 일기장은 글을 쓴 사람이 읽기 위해 쓰였다는 점이다. 책은 누가 뭐래도 독자를 위해 쓰여야 한다. 책에는 독자가 만족할 만한 글이 적혀 있어야 한다. 저자 본인이 하고 싶은 말로만 가득한 책은 결코 독자에게 만족을 줄 수 없다. 독자에게 만족을 줄 수 없는 책은 결코 잘 팔리는 책이 될 수도 없다. 이 책은 예비 독자들의 책쓰기를 돕고자 하는 마음으로 쓰인 책이다. 인생의 버킷리스트로 책쓰기를 생각하지만 실제로 실천으로 옮기지 못하는 사람들이 왜 책쓰기에 실패하며, 어떻게 해야 책쓰기를 성공할 수 있고, 성공적인 책 출간까지 무엇이 필요한지를 책에 담으려고 노력했다. 이렇듯 독자들을 향한 관점으로 쓰인 책은 독자들을 만족시키는 책이 될 수 있다.

책쓰기의 주제를 정하는 건 책의 콘셉트를 정하는 것과 함께 가장 중요한 작업이라고 할 수 있다. 그렇다면 이러한 주제는 어디서 찾아보는 것이 좋을까?

첫째, 직업에서 찾아본다.

당신이 직장인이든, 자영업자든, 학생이든 당신의 직업은 책쓰기의 좋은 주제가 될 수 있다. 특히나 첫 책일수록 자신이 평소 가장 많은 시간을 소요하는 익숙한 분야로 주제를 정하면 좋다. 당신이 만약 회사원이라면 시중에 회사원이라는 키워드를 가지고 출간된 책에 어떤 것들이 있는지를 찾아보자. 그리고 그 책을 읽다가 '나도 이러한 소재로 책을 쓸 수 있겠는데?'라는 생각이 든다면, 그 책의 콘셉트를 조금 비틀어 새로운 주제를 생각해 보자.

둘째, 취미에서 찾아본다.

누구나 한두 가지의 취미는 있을 것이다. 취미의 사전적 정의는 '즐거움을 얻기 위해 좋아하는 일을 지속적으로 하는 것'이다. 이렇듯 내가 좋아하는 분야의 책쓰기는 책을 쓰는 과정 자체가 즐거워질 수 있다는 장점이 있다. 그리고 해당 취미에 많은 시간을 투자했을수록 더 좋은 책을 쓸 수 있게 된다. 꽃꽂이, 베이킹, 산책 등 모든 취미가 좋은 책쓰기의 주제가 될 수 있다.

셋째, '내가 관심 있는 분야' 혹은 '더 알고 싶은 분야'에서 찾아본다.

한때 책은 내가 알고 있는 것만으로 쓸 수 있는 거라 착각한 적이 있었다. 예를 들어, '하버드'라는 제목이 들어간 책은 모두 하버드 대학교 출신이 쓴 건 줄 알았다. 하지만 실상은 그렇지 않았다. 10만 부 이상이 팔리며 중국, 대만, 태국 등에 수출된 『150년 하버드 글쓰기 비법』이라는 책을 쓴 송숙희 작가는 하버드 대학교 출신이 아니다. 하지만 그녀는 하버드 대학교 학생이 어떠한 글쓰기 수업을 듣는지를 철저히 연구하고 조사하는 과정을 통해 이러한 책을 출간할 수 있었다. 『유대인의 생각하는 힘』을 쓴 이상민 작가 역시 마찬가지다. 그 역시 이스라엘을 방문하거나 유대인 친구를 사귄 적은 일절 없으나 철저한 자료조사를 통해 유대인 분야의 베스트셀러 책을 집필할 수 있었다. 이렇듯 '내가 관심 있는 분야'는 책을 쓰기 좋은 주제가 된다. 어떠한 분야든 더 알고 싶은 분야가 있다면 책쓰기의 주제로 정하자. 책을 쓰기 위해서는 그 분야에 대해 공부해야만 한다. 당신은 이를 통해 책쓰기와 해당 분야의 공부, 두 마리의 토끼를 모두 잡게 될 것이다.

넷째, '사회적 이슈'와 '트렌드'를 반영하는 주제에서 찾아본다.

흔히들 베스트셀러는 시기를 잘 만나야 탄생된다는 말을 한다. 실제로 시기를 잘 만나 베스트셀러에 등극한 책이 적지 않다. 코로나19가 발생하며 포스트 코로나를 주제로 한 책이 연달아 출간되기 시작했다. 코로나 이후 달라진 세상을 주제로 다양한 분야에서의 책이 나왔다. 만약 당신이 팔리는 책을 출간하길 원한다면, 이러한 사회적 이슈와 대중의 관심사를 빠르게 캐치해서 책을 집필하는 것도 좋은 전략이 될 수 있다.

4

독자는 명확한 콘셉트에 반응한다

명확하고, 본질적이며, 일관성 있게 지켜갈 수 있는 콘셉트가 있어야 한다.
최장순, 『본질의 발견』

| 차별화된 책 콘셉트를 정하기 위한 4단계 |

책 소재 선정 못지않게 중요한 작업이 '콘셉트'를 정하는 것이다. 소재가 '쓰는 것'과 관련이 있다면 콘셉트는 '파는 것'과 관련 있다. 즉, 실질적으로 책을 판매하기 위해서는 콘셉트가 명확해야 한다. 책의 콘셉트는 반드시 독자들의 구미를 당길 수 있도록 설정되어야 한다. 참고로 책의 콘셉트가 가장 먼저 드러나는 것은 '제목'이다. 따라서 내가 정한 제목이 우선 나의 구미를 당기는지를 먼저 확인해야 한다. 만약 그렇지 않다면 그 제목은 반드시 수정되어야 한다. 내가 만약 독자들에게 A라는 정보를 주고 싶어도, 명확하지 않은 콘셉트로 인해 일단 선택받지 못하면 끝이다. 결과적으로 내가 주고 싶은 A라는 정보도 줄 수 없게 되기 때문이다. 사실 이미 그 정보를 제공하는 책은 많다. 이는 독자들의 선택을 받을 수 있는 명확한 콘셉트 설정이 필요한 이유라 할 수 있다. 명확한 책 콘셉트를 정하기 위한 4단계는 다음과 같다.

1단계: 독자는 누구인가?

마케팅 분야에는 "모두에게 판매하려는 건 아무에게도 판매하려고 하지 않는 것이다."라는 유명한 말이 있다. 명확한 대상을 정하지 않은 판매 시도가 얼마나 위험한지를 직관적으로 알려주는 말이다. 당신은 "내가 책을 판매하려고 하는 독자는 누구인가?"라는 질문에 답할 수 있어야 한다. '지피지기 백전불태知彼知己 百戰不殆'란 말이 있다. '남을 알고 나를 알면 백 번 싸워도 위태롭지 않다'라는 뜻이다. 이렇듯 예상 독자를 분석하는 일은 성공적인 책 콘셉트를 정하기 위해 가장 중요하다 할 수 있다.

2단계: 독자가 겪고 있는 문제는 무엇인가?

예상 독자를 정했다면, 다음 순서는 독자가 겪고 있는 문제를 생각해보는 것이다. 사람들은 바쁘고, 자기 자신에게 도움이 되지 않는 글은 읽지 않는다. 당신의 독자가 당신의 책을 구매한다면, 그 이유는 반드시 자신의 문제를 해결하기 위함일 것이다. 단순히 힐링을 위해 읽는 책은 여기서는 제외한다. 따라서 당신은 예상 독자가 겪고 있는 문제가 무엇인지를 분석해야 한다. 그리고 이에 대한 해결책이 담긴 책을 쓸 수 있어야 한다. 그러기 위해 2단계는 반드시 거쳐야 하는 과정이다.

3단계: 내 책은 어떻게 문제를 해결해 줄 수 있는가?

당신의 책은 실제로 독자의 문제를 해결해 줄 수 있는 책이어야 한다. 그렇지 않으면 독자들은 다시는 당신의 책을 사지 않을 것이다. 브랜드 자산 관리의 세계적 권위자인 데이비드 아커 교수는 구매자가 상품을 샀을 때 얻을 수 있는 이익을 '기능적 이익', '정서적 이익', '자기표현 이익'으로 분류했다. 기능적 이익이란 '상품을 구매했을 때 얻을 수 있는 직접적 이익'을 뜻한다. 반면 정서적 이익은 '그 상품을 구매했을 때 고객이 얻는 긍정적 감정'에 해당한다. 그리고 자기표현 이익은 '이 상품을 샀을 때 내가 어떻게 될까?'와 같은 셀프 이미지를 뜻한다.* 책을

* 가나가와 아키노리, 『마케터의 문장』, 인플루엔셜(2020), p206

집필하기 전, 세 가지 이익을 기준으로 당신의 책이 어떤 도움을 줄 수 있는지를 정리해 보자.

4단계: 내 책은 다른 책과 어떻게 차별화되었는가?

사람들은 '차별화된 독특한 제품이나 서비스'에 관해서는 돈을 더 주고라도 구매한다. 사람들이 유명 브랜드에 충성심을 보이는 이유는 그 브랜드가 지닌 '차별성'에 매료되었기 때문이다. 당신은 당신의 책이 다른 책에 비해 무엇이 '차별화'되었는지를 살펴야 한다. 이미 시중에는 다수의 판매 실적과 후기가 쌓인 책들이 존재한다. 독자들에게는 다른 책과 별다를 것이 없는 당신의 책을 구매할 이유가 없다.

| 책의 콘셉트는 단 한 줄이면 충분하다 |

명확한 콘셉트 설명은 단 한 줄이면 충분하다. 지금 쓰고 있는 이 책의 콘셉트를 한 줄로 표현하자면 '하루 1시간, 8주에 끝내는 책쓰기'다. 이 한 줄만큼 책을 잘 설명하는 문장은 없다. 콘셉트란, 쉽게 말해 "콘텐츠를 어떻게 '나열'할 것인가"라고 설명할 수 있다. 마트를 방문했을 때 우리는 매장에 진열된 상품들을 보게 된다. 이때 마트 MD는 상품을 가격별로 나열할 수도 있고, 크기별로 나열할 수도 있다. 누군가는 색깔별로 또는 모양별로 나열할 수도 있을 것이다. 어떻게 상품을 나열해 놓느냐에 따라 매장 해당 코너의 콘셉트가 정해진다. 책의 콘셉트 역시 마찬가지다. 내가 지닌 콘텐츠를 아무런 규칙 없이 그냥 나열한다면 그 책은 콘셉트가 없는 밋밋한 그저 그런 책이 될 것이다. 하지만 나름의 규칙을 정하고 그 규칙대로 콘텐츠를 정리한다면 그 책은 명확한 콘셉트를 지닌 책이 될 수 있다. 지금 쓰고 있는 이 책은 책쓰기 기술에 관한 정보들을 8주차별로 나누어 3단계로 정리한 셈이다. 덕분에 '하루 1시간, 8주에 끝내는 책쓰기'라는 책의 콘셉트가 명확해질 수 있었다.

『결국, 컨셉』을 쓴 김동욱 작가는 **"다른 어떤 브랜드도 가지고 있지 않은 '제품의 강력한 세일즈 포인트'와 '소비자의 필요 혹은 선호'라는 두 가지 요소가 반영되어 도출된 것이 바로 컨셉이다"**라고 말한다. 세일즈 포인트란 소구점訴求點, 즉 소비자의 관심을 유도해 판매를 이끄는 요인을 뜻한다. 소비자의 필요 혹은 선호란 소비자의 어떤 니즈Needs와 원츠Wants를 충족시킬 수 있는지에 관한 답이라 할 수 있다. 김동욱 작가는 성공하는 콘셉트를 위해서는 '준거점(경쟁)'까지 감안해야 한다고 말한다. 소비자의 머릿속에 경쟁자가 자리잡고 있는 인식과 이미지를 감안해서,

그것과 다른 위치에 포지셔닝Positioning 해야 한다는 것이다. 책 쓰기를 예로 들면 경쟁 도서 혹은 유사 도서와 차별화된 콘셉트의 책을 기획하는 것을 말할 수 있다.

경쟁 도서와 차별화된 책을 쓰기 위해서는 경쟁 도서들에 대해 잘 파악하고 있어야 한다. 경쟁 도서와 차별화된 콘셉트로 베스트셀러 반열에 들어간 책의 대표적인 예시로는 김미경 강사의 『엄마의 자존감 공부』가 있다. 윤홍균 작가의 『자존감 수업』이 오랜 시간 동안 베스트셀러 목록에 자리를 잡으면서 한동안 '자존감'이라는 키워드가 출판 시장의 이슈였던 적이 있다. 많은 자기계발 서적, 혹은 심리학 서적들이 '자존감'이라는 제목을 달고 출간되기 시작했었다. 이때 김미경 강사는 모든 사람이 아닌 '엄마'에 초점을 맞춰 자신의 책을 경쟁 도서와 차별화시키는 데 성공했다. '엄마의 자존감'이라는 새로운 키워드를 만들어내면서 책을 히트시키는 데 성공한 것이다. 김민식 PD의 『영어책 한 권 외워봤니?』 역시 매년 쏟아지는 영어 공부 학습서 속에서 차별화를 통해 베스트셀러 목록에 진입한 대표적인 책이다. 그동안 많은 영어 공부 서적이 출간되었지만 '영어책 한 권 외우기'에 초점을 둔 책은 없었기 때문이다.

당신이 지금 읽고 있는 이 책 역시 마찬가지다. 시중에 나와 있는 수많은 책쓰기 관련 책들 중에 '8주 만에 책쓰기'에 초점을 맞춘 책은 없다. 하루 1시간 글쓰기로 8주라는 시간 동안 어떻게 작가가 될 수 있는지 구체적인 노하우를 책에 담기 위해 노력했다. 이렇게 경쟁 도서와의 차이점에서 출발하는 것에서부터 당신이 쓰고자 하는 책의 차별화는 시작된다.

'다르게 접근하기'는 당신이 쓰고자 하는 책이 다른 책과 차별화될 수 있도록 돕는다. 당신만이 쓸 수 있는 콘텐츠에는 무엇이 있는지 고민해 보자. 그리고 콘텐츠를 소비할 타깃을 다르게 설정해서 생각해 보자. 또는 콘텐츠가 속해 있는 카테고리를 세분화하여 차별화시킬 수도 있다. '영어 공부법'이라는 카테고리를 '영어책 한 권 외워보는 것'으로 세분화시켜 차별화한 『영어책 한 권 외워봤니?』처럼 말이다.

5

문장력이 아니다, 콘텐츠다

남들보다 잘해서 코어 콘텐츠가 아니라 나만의 콘텐츠이기 때문에 코어 콘텐츠가 된다는 것을 잊지 말자.*

| 문장력과 콘텐츠 중 무엇이 더 중요할까 |

책쓰기에 있어 문장력과 콘텐츠 중 무엇이 더 중요할까? 소설 같은 문학 작품에 있어서는 문장력이 중요할 수 있겠지만, 지금 쓰고 있는 이 책과 같은 실용서에서는 단언컨대 콘텐츠가 훨씬 중요하다. 책은 콘텐츠가 있어야 한다. 즉, 읽을 만한 내용이 있어야 한다. 여기서 말하는 내용은 일기장의 일기와 같은

* 김미경, 『김미경의 리부트』, 웅진지식하우스(2020)

글을 말하는 것이 아니라, 사람들의 삶에 도움이 될 만한 정보가 담긴 글을 뜻한다. 당신은 책을 왜 사서 읽는가? 사람들이 돈을 주고 책을 사서 읽는 이유는 자기 삶의 변화를 얻고 싶기 때문이다. 사람들은 자신의 문제를 해결받고 싶어 한다. 끊임없이 더 나은 삶을 살기 위해 노력한다. 당신의 책은 이러한 사람들의 욕구를 충족시켜줄 만한 콘텐츠로 가득 차 있어야 한다. 이러한 콘텐츠는 다름 아닌 당신만의 강점 콘텐츠라 할 수 있다. 그렇다면 강점 콘텐츠는 어떻게 찾을 수 있을까? 『편집자처럼 책을 보고 책을 쓰다』를 쓴 박보영, 김효선 작가는 강점 콘텐츠를 찾는 것과 관련해 다음과 같이 말한다.

> **"강점 콘텐츠는 멀리 있지 않다. 내가 늘 관심 있게 생각하고 탐구했던 영역, 너무나 어려워서 자꾸 실패했던 영역, 그래서 시간을 투자하고 연구했고 마침내 이런저런 해법을 찾아냈던 영역, 무엇보다 제삼자 입장에서 나에게 가장 관심을 가질 만한 영역을 생각해 보자. 많은 사람들이 '누가 봐도 당신은 그 분야의 전문가로군'이라고 인정해 줄 수 있는 영역 말이다."**

책을 쓰기 위해서 가장 먼저 해야 할 일은 이와 같은 당신만의 강점 콘텐츠를 발견하는 일이다. 강점 콘텐츠의 핵심은 나

뿐만 아닌 다른 사람이 보기에도 인정할 만한 것이어야 한다는 것이다.

| 레드오션에서도 살아남는 비결, '차별화' |

레드오션이란 '이미 잘 알려져 있어서 경쟁이 매우 치열한 특정 산업 내의 기존 시장'을 뜻하는 용어다. 하지만 이런 레드오션에서도 살아남을 수 있는 비결이 있다. 그것은 바로 '차별화'다.

여기, A라는 사람이 있다. A는 어느 비즈니스 유튜버의 영상 댓글을 보다가 그의 인생을 바꾼 인사이트를 얻는다. 그 영상은 '월 1천만 원을 버는 방법을 알려주는 영상'이었는데, "저랑은 너무 먼 이야기 같아요. 제가 할 수 있을까요?"라는 댓글이 달렸었다. 그 댓글을 본 A는 '1천만 원이 아니라 일단 지금 하는 일을 계속하며 자기 힘으로 적은 돈이라도 벌고 싶은 사람이 있지 않을까' 하고 생각했다. 그래서 월급 외 수익 100만 원을 만들고 싶은 사람을 모으는 영상을 제작한다. A는 구독자 17만 명의 비즈니스 유튜버가 되었고, 월급 외 수익으로 1천만 원을 벌었다. A는 『월급 독립 스쿨』의 저자 'N잡하는 허대리'다. N잡하는 허대리가 성공한 요인은 '차별화'에 있다. 그 당시 이미 유튜브에는 훨씬 유명하고, 큰돈을 버는 방법을 알려주는 유튜버들이 많이 존재했다. N잡하는 허대리는 그들과 정면으로 경쟁하는 것을 피했다. 그들에 비하면 고작 100만 원을 버는 방법을 알 뿐이었지만, 그는 이것이 자신의 차별화 포인트라고 생각했다. "모든 기회는 레드오션에 있다"라는 말이 있다. 레드오션이라고 망설이지 말고, 당신의 차별화 포인트를 고민해보길 추천한다.

| 콘텐츠는 사람들의 '수요'에서 시작된다 |

당신은 아마 어떻게 해야 나에게 적합한 책쓰기 주제를 찾을 수 있을지 고민 중일 것이다. 그런데 어떤 주제가 내게 맞을지 고민하기 이전에 수요가 있는 주제에는 무엇이 있을지를 고민하는 게 더 효과적이라는 것을 아는가?

> **"수요를 창출하는 것은 쉬운 일이 아니다. 차라리 수요가 있는 곳에 제품을 채워 넣는 것이 훨씬 더 쉽다. 제품을 개발하고 나서 그것을 팔 사람을 찾지는 마라. 시장을 찾고 나서, 다시 말해 고객을 결정하고 난 다음에 그들을 위한 제품을 개발해야 한다."**
>
> **— 팀페리스, 『나는 4시간만 일한다』**

당신에게 적합한 책쓰기 주제를 찾기 위해서는 먼저 큰 분야를 발견해야 한다. 큰 분야는 수요가 있는 분야를 뜻한다. 책쓰기 콘텐츠의 핵심은 '사람들의 문제를 해결해주는 것'이다. 수요가 있다는 건 사람들이 해결받고 싶어 하는 문제가 있다는 걸 의미한다. 당신은 사람들이 해결받고 싶어 하는 문제에 무엇이 있을지 고민해봐야 한다. "이 세상에 나만 겪는 특별한 문제는 없다"라는 말이 있다. 당신이 고민하고 있는 일은 대부분 남들도 고민하고 있는 일이다. 내가 가진 지식과 경험 중 다른 사람을 도울 수 있는 것이 무엇이 있는지 적어보자. 거창하지 않아도 좋다. 직장 생활 잘하는 법, 좋은 인간관계 맺는 법, 자녀 교육 노하우 등 다른 사람들의 영감을 불러일으킬 만한 것이면 충분하다. '보통 사람'의 '보통 이야기'만으로도 얼마든지 다른 사람의 성공 경험을 도울 수 있다는 사실을 기억해야 한다.

6

유사 도서 분석은 어떻게 하는가?

당신이 어떤 분야의 책을 쓰고 싶든 상관없다.
이미 그 분야의 출간된 책을 읽는 것부터 시작하자.
그리고 당신의 책을 어떻게 차별화시킬지 고민해 보자.

| 유사 도서 분석, 어떻게 하는 걸까? |

내가 쓰고자 하는 주제로 이미 시중에 많은 책이 출간되어 있다면, 당신이 해야 할 일은 단 하나다. 해당 책과 완전히 다른 콘셉트의 책을 출간해야 한다. '책쓰기'를 주제로 책 출간을 기획하며 한 가지 고민에 빠졌는데, 시중에 '책쓰기'를 주제로 한 책이 너무 많이 출간되어 있다는 것이었다. 유사 도서가 이렇게 많은 상황에서 기존 도서와의 차별점이 없는 책은 독자들의 선택을 받기 이전에 출판사의 선택을 받지 못할 것이 뻔했다. 그렇다고 주제를 완전히 다른 주제로 바꿀 수는 없었다. 현재 가장 관심 있는 분야가 '책쓰기'이기도 했고, 나에게는 '책쓰기 전문 강사'라는 꿈이 있었기 때문이다.

우선 책쓰기를 주제로 한 책들을 모조리 다 읽어보기로 했다. 동네 도서관에서 가서 '책쓰기'라는 제목이 달린 책을 모조리 대출했고, 도서관에 없는 책들은 직접 구매해서 읽었다. 그렇게 약 40권가량의 책을 읽었다. 이렇게 책쓰기 책을 섭렵하며 느낀 것은 모든 책이 저마다의 콘셉트를 지니고 있었다는 것이다. 어떤 책은 '직장인의 책쓰기'에 초점을 맞추었고, 어떤 책은 '인공지능 시대의 책쓰기'에 초점을 맞추었다. 나 역시 이와 같은 새로운 콘셉트가 필요했다. 그렇게 도출된 콘셉트가 바로 '하루 1시간, 8주에 끝내는 책쓰기'였다. 우선 기존에는 주차별로 나누어 책쓰기 기술을 정리한 책이 없었다. 실제로 책을 읽고 따라 하기만 하면 8주 안에 1권의 책을 완성할 수 있다는 데서 차별화 포인트를 찾았다. 이렇듯 유사 도서 분석은 어떠한 콘셉트로 내 책을 출간할지를 정할 수 있는 기준이 된다. 다음 4단계에 걸쳐 유사 도서 분석을 진행해 보자.

| 유사 도서 분석을 위한 4단계 |

1. 내가 쓰고자 하는 책 분야의 키워드를 적어본다.

   예) 책쓰기

2. 서점에 가서 해당 키워드를 제목으로 하는 책을 10권 구매한다.

3. 10권의 책을 읽고 난 후, 각 책별로 다음 질문에 5점 척도로 답해본다.

   1) 쉽게 읽히는가?

   2) 내용이 재미있는가?

   3) 유용한 정보들로 구성되었는가?

   4) 공감 혹은 위로를 주는가?

   5) 구체적인 해결책을 제시하는가?

4. 5점 척도 분석 결과를 바탕으로 내가 쓰고자 하는 책은 어떤 부분에 초점을 맞춰 집필할 것인지를 결정한다.

   예) 구체적인 해결책을 제시하는 책쓰기 책이 많이 없다 → 독자에게 구체적인 해결책을 제시하는 책쓰기 책으로 집필 방향 결정

책쓰기에 앞서 유사 도서 분석을 해야 하는 이유는 무엇일까?

첫째, 내가 쓸 책의 출간 유무를 결정하는 기준이 된다.

어떤 주제로 책을 쓰기로 마음먹었다면 가장 먼저 할 일은 시중에 해당 주제로 출간된 책이 얼마나 있는지를 확인하는 것이다. 만약 이미 충분한 책이 출간되어 있다면 당신이 해야 할 일은 두 가지다. 해당 주제로 책을 출간하는 것을 포기하거나, 완전히 다른 콘셉트로 책을 출간하는 것이다. 같은 주제, 동일한 콘셉트의 책은 독자들에게 읽히기 전에 출판사 투고 과정에서 먼저 반려당할 가능성이 높다. 이미 원고가 완성된 상태에서 해당 주제로 출간되어 있는 책이 많다는 사실을 깨닫는 것은 너무 늦다. 최악의 경우 완성된 원고를 아예 새로 수정해야 할 수도 있다. 이를 방지하기 위해서라도 책의 기획 단계에서 유사 도서 분석은 필수라고 할 수 있다. 그렇다면 이미 출간된 유사 도서가 아예 없는 경우는 어떨까? 혹자는 블루오션 시장을 찾았다고 좋아할지도 모르지만 마냥 기뻐할 일은 아니다. 유사 도서가 아예 없다는 건 해당 분야에 대한 독자들의 수요가 없다는 것을 의미할 수도 있기 때문이다. 또한 책은 자료조사를 통해 쓰는 법인데, 유사 도서들이 없으면 책의 분량을 채우는 과정에서 어려움을 겪을 수 있다. 따라서 유사 도서들이 없는 경우에는 이 분야가 독자들의 수요는 있는데 출간된 책이 없는 건지, 아니면 독자들의 수요가 없는 분야인 건지를 분별해서 기획을 시작하는 것이 좋다.

둘째, 내가 쓸 원고의 내용을 풍성하게 만드는 데 도움이 된다.

좋은 책의 공통점은 유익한 사례와 인용들로 구성되어 있다는 것이다. 적절한 인용과 사례는 글을 덜 지루하게 느끼게 한다. 유사 도서들을 읽을 때는 내 책에 인용할 만한 사례나 글들을 메모하면서 읽는 것이 좋다. 이렇게 메모한 글들은 내가 쓸 책의 내용을 풍성하게 만들도록 돕는다. 유사 도서의 글을 인용할 때는 정확한 출처를 밝히는 것이 필수다. 그렇지 않을 경우 책을 출간한 후 표절 시비에 걸릴 수 있으므로 유의해야 한다. 힘들게 출간한 책이 표절 시비에 걸리는 것은 책과 저자 모두에게 치명적인 영향을 끼칠 수 있다. 또한 인용한 글의 비중이 너무 많이 차지하는 것 역시 좋지 않다. 인용은 어디까지나 나의 글을 보충하는 정도로만 사용되어야 한다.

셋째, 내가 쓸 책의 주제와 콘셉트를 명확하게 만드는 데 도움이 된다.

책을 기획할 때 유사 도서를 분석하는 이유는 '하늘 아래 완전히 새로운 콘셉트의 책은 없기 때문'이다. 시중에 나와 있는 다른 책의 콘셉트를 살피는 것은 내 책의 콘셉트를 정하는 기준이 된다. 가령 『오십에 읽는 논어』라는 책이 있다. 이 책이 출간되기 전 '논어'를 주제로 한 책은 이미 많이 출간되어 있었다. 『살면서 꼭 한 번은 논어』, 『1일 1강 논어 강독』, 『나는 공부 대신 논어를 읽었다』 등이다. 최종엽 작가는 '오십'이라는 나이와 논어를 연결한 책이 없다는 것을 파악했고, 『오십에 읽는 논어』라는 책을 써서 베스트셀러 작가가 될 수 있었다. 이렇듯 유사도서 분석은 '나는 어떠한 콘셉트의 책을 집필할지'를 결정하는 기준이 된다.

7

메모하는 자가 결국 살아남는다

느닷없이 떠오르는 생각이 가장 귀중한 것이며,
보관해야 할 가치가 있는 것이다. 메모하는 습관을 갖자.
프랜시스 베이컨

| 책쓰기의 시작은 메모로부터 |

『글쓰기가 뭐라고』를 쓴 강준만 교수는 **"불쑥 솟아오른 영감일지라도 그 즉시 메모를 해놓지 않으면 사라진다"**라고 말하며 메모의 중요성을 강조한다.

인간의 기억력은 휘발성이 강해서 메모를 하지 않으면 금방 잊어버리기 쉽다. 이렇듯 중요한 아이디어들이 기억 속에서 사라지는 것을 방지하기 위해 어디를 가든 종이와 펜을 가지고 다닌다. 종이와 펜을 가지고 다니는 것이 번거롭다면 스마트폰 메모장을 활용해도 좋다. 스마트폰 자체 메모 어플을 활용하거나 에버노트, 네이버 메모 등을 사용하는 것을 추천한다. 카카오톡의 '나에게 메시지 보내기' 기능을 활용하는 것도 좋다.

메모할 때 중요한 것은 아이디어가 떠오른 '즉시' 메모를 하는 것이다. 가령 샤워를 하다가 좋은 아이디어가 떠올랐다면, 샤워를 중단하고 종이와 펜을 가져와 메모를 할 의지가 있어야 한다. 나의 경우, 잠을 자기 위해 누웠을 때 생각지 못했던 아이디어가 떠오르는 때가 종종 있다. 그래서 머리맡에 메모장과 펜을 올려놓고 잔다. 떠오른 아이디어를 놓치지 않고 즉시 적기 위해서다. 이렇게 메모장에 기록한 아이디어는 다시 한 번 따로 노트에 정리해주는 것이 필요하다. 그렇지 않으면 시간이 지나고 해당 메모를 봤을 때, '이게 무슨 내용이었지?' 하고 잘 생각이 나지 않을 수 있기 때문이다. 짧게 아이디어 형식으로 적어둔 메모는 반드시 따로 노트에 정리하는 습관을 들이도록 하자. 이렇게 적힌 메모들은 책을 쓰는 데 훌륭한 재료가 된다.

메모를 작성할 때는 지금 당장이 아닌 '앞으로'를 생각하며 기록해야 한다. 지금 당장 쓸모없어 보이는 메모들이 향후 다른 글쓰기 아이디어와 함께 사용되어 좋은 글쓰기 재료로 변할 수 있기 때문이다. 불쑥불쑥 떠오르는 아이디어들을 수시로 메모하는 것도 중요하지만, 책을 읽고 인상적인 문장이나 문구를 메모하는 것 역시 책쓰기에 큰 도움이 된다. 책을 처음 쓰기 시작한 사람은 책의 분량을 채우는 게 생각보다 쉽지 않다는 것을 느낄 것이다. 따로 정리해 둔 메모는 책의 분량을 채우는 데 유용하게 활용된다. 사례로 사용될 수도 있고, 한 꼭지 글로 사용될 수도 있다. 혹은 한 꼭지 글의 콘셉트를 정하는 데 도움이 될 수 있다. 책쓰기를 잘하기 위해서 메모를 해야 하는 이유를 정리해보았다.

첫째, 메모는 책쓰기를 위한 재료를 모으는 작업이다.

좋은 음식을 만들기 위해서는 좋은 재료들이 필수다. 책쓰기 역시 마찬가지다. 좋은 책을 쓰기 위해서는 좋은 재료들이 필요하다. 그리고 메모는 이렇듯 좋은 재료를 모으는 작업이라 할 수 있다.

둘째, 메모는 생각을 정리하는 데 도움이 된다.

중국의 구양수歐陽脩라는 사람이 글을 잘 짓는 비결祕訣로서 한 말 중에 다문다독다상량多聞多讀多商量이 있다. 즉, 많이 듣고 많이 읽으며 많이 생각한다는 뜻이다. 이렇듯 책을 쓰기 위해서는 많이 듣고 많이 읽는 것도 필요하지만 동시에 많이 생각하는 과정이 필요하다. 메모는 이렇듯 생각을 깊게 하는 데 좋은 매개

체가 된다. 또한 이러한 생각은 반드시 정리되는 과정이 필요한데, 머릿속에 있는 어질러진 생각을 종이에 글로 메모하는 과정을 통해 한 번 더 간결하게 정리할 수 있게 된다.

셋째, 메모는 쓰는 습관을 기르게 한다.

책을 완성하기 위한 유일한 비결은 다름 아닌 '쓰는 것'이다. 그런데 쓰는 습관은 실제로 많이 쓰지 않고서는 결코 기를 수 없다. 메모는 이렇듯 쓰는 습관을 기르는 데 훌륭한 도구가 된다. 언제 어디서나 메모하는 습관은 글쓰기가 자연스럽게 삶의 일부가 되게 한다. 우리의 뇌는 어떤 일을 계속 반복하면 '이런 상황에서는 이렇게 한다'라는 규칙을 만들어낸다고 한다. 그리고 나중에는 특별히 그 일을 하려고 하지 않아도 뇌에서 자동적으로 그 일을 하도록 인지적 각본을 돌린다. 그 일이 완전한 습관으로 자리잡게 되는 것이다.

그렇다면 메모를 할 때 유의해야 할 사항에는 어떤 것이 있을까?

첫째, 한 지면에는 하나의 내용만 메모를 하는 것이 좋다.

종이 메모장이 되었든 스마트폰 메모장이 되었든 한 지면에 여러 내용이 적히게 되면 추후 메모 내용을 정리하는 데 불편을 겪을 수밖에 없다. 따라서 한 지면에는 하나의 주제로만 메모하는 습관을 들이도록 하자.

둘째, 메모지를 하나로 통일하라.

손에 잡히는 대로 아무 종이나 꺼내서 메모를 하게 되는 경우가 있다. 이럴 때는 필히 정해진 메모 노트에 옮겨 적도록 하자. 이렇듯 메모지를 통일하는 것이 중요한 이유는 긴 시간 메모지를 보관하고, 향후 다시 꺼내 읽을 때의 용이성을 위해서다.

셋째, 메모를 할 때는 가급적 문장의 형태로 적는 것이 좋다.

앞서 메모는 쓰기 습관을 기르는 데 도움이 된다고 했다. 메모는 짧은 문장일지라도 문장력을 키우는 좋은 도구가 될 수 있다. 또한 단어들로만 나열된 메모는 추후 읽었을 때 그 이면의 의미를 파악하는 데 어려움을 겪을 수 있다. 따라서 긴급한 경우가 아니라면 문장의 형태로 메모를 하는 습관을 들이도록 하자.

3장

2주차 기획하기

책쓰기는 기획이다

1

기획되지 않은 책은 기회를 얻지 못한다

기획은 설득이고, 설득은 나로부터 시작되어야 한다.
윤태호(만화가)

| 책, 어떻게 기획할 것인가 |

책을 출간하기 위해서는 가장 먼저 출판사 투고의 문을 통과해야만 한다. 출판사에게 환영받는 책을 쓰기 위해서는 무엇보다 '기획'이 중요하다고 할 수 있다. 좋은 책을 쓰기 위해서는 좋은 기획을 할 수 있어야 한다. 참신한 기획을 위해서는 어떠한 노력이 필요할까?

첫째, 내가 쓰고자 하는 책이 대중성을 지닌 책인지를 확인해야 한다.

과거와 달리 오늘날 출판 시장에서는 초판 2천 부만 판매되어도 소위 말하는 '대박'을 쳤다고 한다. 이러한 출판 불황에서 대중성을 지니지 못한 책은 판매를 낙관하기 힘들다. 당신이 만약 독립출판 또는 자비출판이 아닌 출판사를 통한 기획출판(상업출판)을 목표로 한다면, 당신이 쓰고자 하는 책이 과연 대중성을 지닌 책인지를 먼저 확인하는 것이 필요하다. 대중성을 지녔다는 것은 많은 사람이 찾는 책을 뜻한다. 이러한 책을 쓰기 위해서는 현재 사람들이 어떤 책들을 많이 읽는지를 알아야 한다. 따라서 교보문고나 YES24 등의 온라인 서점 베스트셀러 목록을 확인하는 것이 도움이 될 수 있다. 기획출간이란 출판사에서 원고의 잠재력만을 보고 해당 작가에게 투자하는 것이라 볼 수 있다. 따라서 상업성을 띄지 못한 주제는 투자를 받기 어렵다는 것을 알아야 한다. 출판사에서 원하는 책은 누가 뭐래도 '팔리는' 책이다. 일단 팔려야 한다.

둘째, 저자의 전문성과 책의 주제가 연결되어야 한다.

여기서 말하는 전문성은 꼭 책의 주제와 관련된 석사 또는 박사 학위가 있어야만 하는 것을 의미하지는 않는다. 최소한 책의 주제와 관련된 저자만의 활동 경험이 있어야 한다. 즉, 저자만의 개성이 드러나면 좋다. 사람들은 책을 읽을 때 저자가 어떠한 사람인지를 확인한다. 나와 비슷한 사람인지, 혹은 내가 배울 만한 것이 있는 사람인지가 바로 이 전문성의 영역에서 드러난다고 할 수 있다. 책의 주제와 관련된 전문성은 명확한 책의 기획에도 도움을 준다.

셋째, 다른 책들과의 차별성을 제시할 수 있어야 한다.

서점에는 매일 약 100여 권의 신간 도서가 출간된다고 한다. 신간 도서의 홍수 속에서 내 책이 지닌 차별성이 있어야 한다. 흔히 어떠한 제목으로 베스트셀러 책이 출간되고 나면, 해당 제목과 유사한 콘셉트로 또 다른 책이 출간되는 것을 볼 수 있다. 하지만 이렇게 출간된 책은 베스트셀러 책을 모방한 '아류'로 인식될 위험이 있다. 내 인생의 처음으로 출간된 책이 시장에서 '아류'로 인식되는 것을 좋아할 저자는 없을 것이다. 따라서 당신만의 개성과 매력이 드러나는 차별화된 기획만이 출판사의 러브콜을 받을 수 있다.

흔히 투고하는 원고 중 출판사를 통해 정식으로 출간되는 원고는 1%에 불과하다는 말을 하곤 하지만 여전히 출판사는 신인 저자를 찾고 있다. 만약 당신이 출판사 투고를 희망하는 예비 저자라면, 가장 먼저 당신의 기획이 출판사에서 좋아할 만한 참신한 기획인지를 확인해봐야 한다. 그저 막연히 '출판사 한 곳 정도는 내 원고를 좋아해주겠지'와 같이 생각해서는 안 된다. 출판사에서 한 원고당 투자하는 비용은 대략 1천만 원에 해당된다. 당신의 원고는 1천만 원을 투자할 만한 가치가 있는 원고인가? 만약 그렇지 못하다는 생각이 든다면 1천만 원을 투자해도 좋을 만한 참신한 기획 방안을 고민해보아야 한다.

참신한 기획을 위해서는 예상 독자들의 니즈를 분석할 수 있어야 한다. 많은 예비 작가들이 공통적으로 범하는 실수가 독자들의 니즈가 아닌 자신의 니즈를 먼저 찾는다는 것이다. 하지만 책을 구매하는 사람은 작가 본인이 아닌 다수의 독자다. 따라서 오늘날 독자들이 어떠한 책을 원하고 좋아하는지를 먼저 파악하는 게 가장 중요하다. 시대적 상황과 독자의 입맛에 맞게 기획된 책은 출판사에서 가장 먼저 원한다. 지금 쓰고자 하는 책의 예상 독자들이 현재 어떠한 책을 원할까를 끊임없이 고민해보도록 하자. 『글쓰기 클리닉』의 저자 임승수 작가는 부산외대 신문사에 기고한 칼럼('글치' 공학도, 베스트셀러 저자 된 비밀)에서 책을 잘 쓰는 비결에 관해 다음과 같이 말했다.

"베스트셀러 작가는 독자의 심리를 꿰뚫어 보는 뛰어난 능력을

지닌 사람들이다. 베스트셀러 작가들은 독자들이 자신의 글을 읽으면서 어떠한 감정을 느끼고 어떠한 반응을 보일지를 정확히 아는 사람들이다. 그렇기 때문에 독자들을 울려야 할 때 울리고, 분노해야 할 때 분노하게 만들고, 사랑해야 할 때 사랑하게 만든다. 그들은 글 하나하나를 적어나갈 때마다 독자들의 반응뿐만 아니라 각 문장들이 이어져 나가는 과정에서 독자들의 심리가 어떻게 변해가는지를 끊임없이 고민한다."

독자들의 니즈에 대한 관심은 본문을 집필하면서도 계속되어야 한다. 당신의 글을 읽으며 예상 독자들이 어떠한 감정을 느낄지를 생각하며 글을 쓰도록 하자.

2

좋은 제목은 어떻게 만들어지는가?

**명품 브랜드는 제품 못지않게 포장에 신경을 쓴다.
책의 제목 역시 마찬가지다. 아무리 책의 내용이 좋아도
제목이 좋지 못하면 책은 판매되지 않는다.**

| 책 성공의 8할은 제목에 달렸다 |

성공적인 책 판매를 위해 가장 중요한 요소는 바로 '제목'이다. 팔리는 책을 쓰기 위해서는 명확한 콘셉트를 정하는 게 중요하다. 그리고 책의 콘셉트가 가장 먼저 드러나는 곳이 제목이다. 제목은 반드시 타깃 독자와 콘셉트를 잘 반영하는 것이어야 한다. 사람들은 우선 제목을 보고 책을 읽을지 말지를 결정한다. 따라서 독자들의 구미를 당길 만한 제목을 정해야 한다. 부제 역시 마찬가지다. 부제를 정할 때는 본 제목과 시너지를 낼

수 있도록 정하는 것이 좋다. 제목과 부제를 짤 때는 꼭 관련 분야가 아니더라도 다른 베스트셀러 책들의 제목을 참고하는 것이 도움 된다. 다음의 '성공적인 책의 제목을 정하는 5가지 기준'을 참고해 책의 제목을 정해보자.

성공적인 책의 제목을 정하는 5가지 기준

1. OO 하는 기술, 전략, 방법, 비밀, 비결, 노하우, 습관 등의 제목

'기술', '전략' 등과 같은 단어는 독자들의 마음을 움직이는 데 효과적이다. 마치 책을 통해 모르고 있던 비밀을 알 수 있을 것 같은 기분이 들게 한다. 위 단어들을 활용해 독자를 유혹하는 제목을 만들어보자.

예) 『송사무장의 부동산 경매의 기술』, 『전인구의 미국주식 투자 전략』, 『합법적으로 세금 안 내는 110가지 방법』, 『생각의 비밀』, 『8등급 꼴찌, 수석 졸업하게 된 9가지 공부 비결』, 『채권투자 핵심 노하우』, 『보도 섀퍼의 이기는 습관』

2. 질문 형식의 제목

질문 형식의 제목은 독자들로 하여금 호기심을 유발한다. 해당 주제에 관해 관심이 없던 사람들도 질문을 듣는 순간 답이 무엇인지 생각해보게 된다. 내 책의 주제와 관련해 어떤 질문을 만들 수 있을지 고민해 보자.

예) 『어떻게 말해줘야 할까』, 『무엇이 옳은가』, 『우리는 여전히 삶을 사랑하는가』, 『10년 동안 적금밖에 모르던 39세 김 과장은 어떻게 1년 만에 부동산 천재가 됐을까?』, 『경매 권리분석 이렇게 쉬웠어?』, 『나는 왜 혼자가 편할까?』, 『정의란 무엇인가』

3. 의외성을 활용한 제목

사람들의 관심을 끌기 위해서는 다소 파괴적인 네이밍이 필요할 때가 있다. 제목을 듣고 '어?'라는 반응이 나오게 만들 때, 사람들은 한 번이라도 더 관심을 가진다. 서로 어울리지 않는 단어들을 결합한 제목도 관심을 끌기 좋다.

예) 『미움 받을 용기』, 『나는 학벌보다 돈이 좋습니다만』, 『사람이 좋아서 지구에 왔습니다 강아지 외계인』, 『왜 아가리로만 할까?』, 『스물아홉 생일, 1년 후 죽기로 결심했다』, 『책은 도끼다』, 『하마터면 열심히 살 뻔했다』

4. 공감 혹은 위로를 줄 만한 제목

SNS에는 타인에 공감하고 위로하는 메시지를 주제로 많은 글이 올라온다. 이러한 글을 모아 출간한 책이 베스트셀러가 된 경우 역시 많다. 누구나 공감받기를 원한다. 공감을 이끌어낼 수 있을 만한 제목에는 무엇이 있을지 고민해 보자.

예) 『잘 살아라 그게 최고의 복수다』, 『잘했고 잘하고 있고 잘 될 것이다』, 『보이지 않는 곳에서 애쓰고 있는 너에게』, 『오늘은 이만 좀 쉴게요』, 『나는 당신이 행복했으면 좋겠습니다』, 『예민한 부모를 위한 심리 수업』, 『나는 나답게 살기로 했다』

5. 실질적인 도움을 나타내는 제목

실용서 또는 자기계발서 시장의 증가는 적은 시간 안에 문제를 해결받고 싶어 하는 사람들의 니즈가 투영된 결과다. 따라서 책을 읽고 사람들이 무엇을 얻을 수 있는지 명확히 드러내는 건 좋은 제목의 기준이 될 수 있다.

예) 『진짜 쓰는 실무 엑셀』, 『종목 선정 나에게 물어봐』, 『트렌드 코리아 2022』, 『강성태 66일 영어회화』, 『NFT 사용설명서』, 『나는 당신도 재개발 투자로 돈을 벌면 좋겠습니다』, 『싱글맘 부동산 경매로 홀로서기』

제목을 정할 때 위와 같은 특징을 반영해 제목을 정한다면 잘 지은 제목에 한 걸음 더 가까워질 수 있을 것이다. 이 밖에도 좋은 제목을 정하는 방법에는 여러 가지가 존재한다. 지금 당장 온라인 서점에 들어가서 내가 쓰고자 하는 주제의 다른 책들은 어떤 제목을 사용하고 있는지 검색해 보자. 검색할 때는 베스트셀러 책들의 제목을 참고하는 것이 좋다.

| 제목만 바뀌었을 뿐인데 베스트셀러가 됐다고요? |

책 제목의 중요성은 제목만 바뀐 상태로 재출간한 이후 큰 성공을 이룬 책들의 예시를 통해 알 수 있다. 김진명 작가의 소설 『무궁화 꽃이 피었습니다』를 알고 있는가? 이 책은 원래 1992년 『플루토늄의 행방』이라는 제목으로 실록출판사에서 출간되었고, 출간 이후 큰 반응을 얻지 못했다. 이후 해냄출판사에서 『무궁화 꽃이 피었습니다』라는 제목으로 재출간하였고, 밀리언셀러 반열에 들어서게 된다. 일본의 대표적인 소설가이자 한국인이 가장 좋아하는 일본 작가인 무라카미 하루키의 소설 『상실의 시대』 역시 이와 비슷한 경험을 했다. 이 책의 원제는 『노르웨이의 숲』이었다. 하지만 출간 이후 독자들의 사랑을 받지 못했다가, 제목을 『상실의 시대』로 수정한 이후에 스테디셀러 반열에 들어선다. 이 책은 우리나라에서만 무려 200만 부가 넘게 팔렸다. 그리고 이 책을 통해 무라카미 하루키는 우리나라에서 모르는 사람이 없을 정도의 유명 작가가 되었다. '1권의 책이 가장 많은 언어로 번역된 작가'로 기네스북에 등재된 브라질의 소설가 파울로 코엘료의 소설 『연금술사』 역시 이와 같은 경험을 했다. 1993년 고려원이라는 이름의 출판사에서 『꿈을 찾아 떠나는 양치기 소년』이라는 제목으로 출간했지만 독자들에게 거의 알려지지 못했다. 2001년 문학동네에서 『연금술사』로 제목을 바꾸어 재출간했고, 2년 후 베스트셀러가 되었다. 그리고 이 책은 지금까지 꾸준히 팔리는 스테디셀러가 되었다. 한국 사람이라면 누구나 한 번쯤은 들어봤을 만한 제목인 『칭찬은 고래도 춤추게 한다』라는 책이 있다. 이 책의 원제는 『You Excellent(칭찬의 힘)』이었다. 저자 켄 블랜차드는 시장의 반응이 좋지 않자, 다음 해에 책의 제목만 바꾸어 재출간을 하였다. 그리고 이 책은 유례없는 밀리언셀러가 되었다. 『내 편이 아니라도 적을 만들지 말라』 역시 마찬가지다. 이 책의 원제는 『내 인생을 빛내줄 보물지도』였다. 2008년 스샤오옌이 이와 같은 제목으로 책을 출간했지만 시장의 반응은 냉소적이었다. 4년이 지난 2012년에 『내 편이 아니라도 적을 만들지 말라』란 제목으로 재출간하였고, 대박을 터트렸다. 이러한 사례는 출판 시장에 너무나 많다.

독자들에게 사랑받는 제목에는 어떠한 특징이 있을까?

첫째, 제목 자체만으로 예비 독자들의 시선을 사로잡는다.

즉, 개성이 있어야 한다. 서점에는 매일같이 신간 도서들이 태어난다. 쏟아지는 신간 도서의 홍수 속에서 내 책이 눈에 띄기 위해서는 제목 자체만으로 사람들의 흥미를 유발시킬 수 있어야 한다. 책 내용을 읽지 않아도 그 내용이 뻔히 예상 가는 그런 제목을 독자들은 외면한다. 이렇듯 제목 자체만으로 독자들의 시선을 사로잡는 책의 예시로는 데이터 분석가 송길영 작가의 『그냥 하지 말라』가 있다. 이 책의 제목을 처음 접한 사람들은 다음과 같은 궁금증을 가진다. '그냥 하지 말라는 게 무슨 뜻이지?', '왜 저자는 그냥 하지 말라고 말하는 거지?' 이와 같은 궁금증을 들게 만든 것만으로도 이 제목은 그 역할을 다했다고 할 수 있다. 궁금증과 함께 독자들은 적어도 책의 목차와 서문을 살펴보게 될 것이기 때문이다.

둘째, 책의 핵심 메시지를 포괄한다.

직접적이든 간접적이든 책의 제목은 책의 주제를 포괄해야 한다. 제목을 통해 해당 책이 어떠한 내용을 담고 있는지 파악할 수 있는 단초를 제공해주어야 한다. 제목을 통해 핵심 메시지를 전달하지 못하면 타깃 독자가 이탈한다. 독자는 자신에게 필요한 책이 무엇인지를 찾는다. 우리는 제목을 통해 이 책이 예비 독자의 삶에 도움을 주는 책이라는 것을 알려야 한다. 이렇듯 핵심 메시지를 잘 담고 있는 책의 예시로는 앙드레 코스톨라니Andre Kostolany의 『돈, 뜨겁게 사랑하고 차갑게 다루어라』를 들 수 있다. 우리는 해당 책을 읽어보지 않더라도 해당 책이 돈을 다루는 방법, 돈에 대한 태도와 가치관을 담고 있는 책이라는 것을 알 수 있다. 나아가 돈에 대해 뜨겁게 열망하는 것은 좋지만 신중하고 냉철한 태도로 돈을 다뤄야 한다는 저자의 철학을 파악할 수 있다. 평소 돈을 다루는 방법에 관해 고민을 겪었던 사람은 제목에 이끌려 내용을 살펴보게 될 것이다.

셋째, 어떤 점이 독자에게 도움이 되는지가 드러난다.

독자들이 책을 사는 이유는 해당 책이 자신에게 도움이 되기 때문이다. 어떤 점에서 독자에게 도움을 줄 수 있는지에 해당하는 키워드가 제목에 드러나야 한다. 이렇게 독자에게 도움을 줄 수 있는 키워드가 잘 드러난 책으로는 김세희 작가의 『딱 2년 안에 무조건 돈 버는 부동산 투자 시크릿』이 있다. 이 책의 부제는 '3천만 원으로 3년 만에 50억을 만든 지역분석 고수 세빛희의 투자 비결'이다. 이 부제를 읽은 독자는 자신 또한 저자와 같이 종잣돈을 불릴 수 있을 거라는 희망을 품게 된다. 제목 역시 2년 안에 돈을 벌 수 있을 거라는 기대심을 불러일으키고 있다. 이렇듯 독자가 얻을 수 있는 유익이 드러난 제목은 책에 대한 기대를 품게 한다. 그리고 이러한 기대는 구매로 이어진다.

그렇다면 책 제목은 언제 정하는 것이 좋을까? 원고를 다 쓰고 정해야 할까? 아니면 제목을 먼저 정한 뒤 원고 작성에 들어가야 할까? 책을 쓰는 사람들은 책 제목이 계속해서 바뀐다는 것을 인지해야 한다. 수많은 고민을 통해 정해진 제목도 결국에는 바뀌게 되어 있다. 책 제목을 정하는 데는 출판사의 입김이 강하게 작용하기 때문이다. 따라서 책의 집필 방향을 설정할 수 있을 정도의 가제목을 정하고 시작하는 것이면 충분하다. 가제목을 정할 때도 앞서 이야기한 좋은 제목의 기준을 반영해 정하는 것이 좋다. 좋은 가제목이 정해지지 않았더라도 크게 걱정하지 않아도 된다. 원고를 집필하다 보면 꾸준히 좋은 제목이 떠오르기 때문이다. 이럴 때마다 잘 메모해 두었다가 출판사에 투고할 시점에 활용하면 된다. 또한 책 제목을 정할 때는 부제와 카피 문구도 함께 고민해야 한다. 책의 제목, 부제, 카피 문구는 서로 시너지 효과를 낼 수 있게 구성되어야 한다. 즉, 따로따로 별개의 것이 아니라는 말이다. 부제와 카피 문구 역시 원고를 집필하다 아이디어가 떠오르면 메모해 두도록 하자. 제목과 목차가 정해지지 않았다고 해서 불안해할 필요는 없다. 어차피 제목과 목차가 정해지더라도 A4용지 100페이지라는 분량의 원고가 없으면 책은 출간될 수 없다. 일단 한 꼭지씩 정해진 분량의 책쓰기를 시작하는 것이 우선이다. 이렇게 쌓인 원고는 좋은 제목과 함께 좋은 책이라는 결과물로 나타날 것을 믿자.

3

목차가 뭐 그리 중요하다고!

자기가 어디로 가고 있는지를 아는 사람은
세상 어디를 가더라도 길을 발견한다.
데이비드 스타 조르단

| 책 집필의 50%를 끝내는 목차 선정 노하우 |

단언컨대 책 집필에 있어 목차 선정만큼 중요한 작업은 없다고 말할 수 있다. 실제로 목차만 선정되면 어떤 주제든 책을 집필해낼 자신도 있다. 목차 선정을 마치면 책 집필의 50%가 끝난다고 말할 정도로 이 과정은 중요하다. 임승수 작가는 『삶은 어떻게 책이 되는가』에서 **"목차를 제대로 짜지 않은 상황에서 무작정 글을 쓰다 보면 책의 균형이 깨지는 경우가 비일비재하며, 특히 용두사미가 되는 경우가 흔하다"***라고 말한 바 있다. 이렇듯 책을 쓰기 전에는 반드시 목차를 먼저 정하는 것이 필요하다.

목차를 가장 쉽게 정하는 방법은 다름 아닌 '모방'이다. 내가 쓰고자 하는 주제로 출간된 유사 도서들의 목차, 그리고 베스트셀러 책의 목차를 참고해서 정하는 것이 좋다. 목차는 크게 장제목과 중제목으로 구성된다. 대개 5개 내외의 장제목과 40개 내외의 중제목으로 구성되는 것이 일반적이다. 하나의 장제목에 8개가량의 중제목이 포함되어 있는 형태다. 몇몇 책의 경우 장제목 위에 부제목이 존재하기도 하는데, 이 책의 경우가 그렇다.

목차를 정할 때 중요한 건, '목차만 읽고도 독자들의 마음을 움직이도록' 정해야 한다는 것이다. 우리가 서점에 가서 책을 고를 때를 생각하면 이해하기 쉽다. 독자들은 어떤 책을 구매할지 고민하는 단계에서 목차를 살펴보게 된다. 목차를 읽고 마음에 든 독자는 책을 구매해야겠다고 결심한다. 그렇다면 어떻게 목차를 구성해야 독자들의 구매 감정을 유발할 수 있을까? 그 해답으로 '2W1H' 전략을 제시하고 싶다. 여기서 2W1H는 바로 'Why, What, How'의 약자다. 즉 '이 책을 왜 읽어야 하며(Why), 이 책은 무엇을 담고 있으며(What), 이 책은 어떤 변화를

---

* 임승수, 『삶은 어떻게 책이 되는가』, 한빛비즈(2014)

돕는지(How)가 드러나도록 목차를 구성하는 것이다. 이 책을 예로 들자면 다음과 같다.

제1부 퍼스널 브랜딩 시대, 당신에겐 무기가 있는가? (Why)

1장 책쓰기는 퍼스널 브랜딩의 무기다

제2부 8주 만에 끝내는 책쓰기 3단계 (What)

2장 1주차 자료조사 / 책쓰기는 자료조사다

3장 2주차 기획하기 / 책쓰기는 기획이다

4장 3~8주차 집필하기 / 책쓰기는 몸쓰기다

제3부 팔리는 책을 출간하는 방법 (How)

5장 책쓰기는 연결이다

이 책은 크게 3부로 구성되어 있다. 1부는 이 책을 왜 읽어야 하는지(Why), 즉 '책쓰기가 왜 필요한지'를 담았다. 2부는 이 책은 무엇을 담고 있는지(What), 즉 '8주 만에 책을 완성할 수 있는 방법'을 담고 있다. 3부는 이 책은 어떤 변화를 돕는지(How), 즉 '독자들이 책을 출간하는 과정과 출간 이후의 방향'을 제시하고 있다. 장제목으로 이야기하면 1장은 Why, 2~4장은 What,

5장은 How에 해당한다. 이렇듯 구조화된 목차는 보기에 좋을 뿐만 아니라 독자들로 하여금 책에 대한 매력을 느끼도록 만든다. 그렇다면 이러한 목차는 어떻게 만들 수 있을까?

| 목차 선정을 위한 5단계 |

1. 내가 쓰고자 하는 책의 키워드를 정한다.

   예) 글쓰기

2. 해당 키워드를 주제로 하는 책 10권을 구매한다. 최대한 내가 쓰고자 하는 책과 비슷한 콘셉트의 책으로 선정한다.
3. 한글 혹은 워드 파일을 켜서 각 책별로 목차를 모조리 옮겨 적는다. 이때, 장제목이 아닌 중제목을 옮겨 적는 것이 중요하다(장제목과 중제목의 차이는 앞에서 설명했다).
4. 옮겨 적은 목차(중제목)들을 공통된 주제로 묶어본다. 이렇게 최소 5개의 그룹을 만든다. 이때 만들어진 5개의 그룹이 새로운 장제목에 해당한다. 이후 2W1H 전략에 따라 그룹을 배치한다.

   예) 글을 써야 하는 이유(Why), 글감 찾는 방법(What), 글 쓰는 방법(What), 글쓰기 환경(What), 글을 쓰면 생기는 변화(How)

5. 그룹별로 묶인 중제목을 나의 언어로 변형해본다. 해당 그룹에 속한다고 생각되는 중제목을 새로 만들어보는 것도 좋다. 이렇게 각 그룹별로 최소 8개의 새로운 중제목을 만든다.

목차는 글을 쓰며 수정되기 마련이다. 이러한 사실을 인지하면서 일단 큰 틀을 정해 두는 것이 필요하다. 일단 전체적인 틀이 완성되어야 끝까지 책 집필을 마칠 동기부여가 되고, 시간이 지날수록 책의 콘셉트가 명확해지기 때문이다. 어차피 탈고 전까지는 글도, 목차도 다 수정된다는 사실을 기억하자. 따라서 목차는 70~80% 정도의 완성도를 추구하면서 본문 쓰기에 들어가는 것이 좋다.

4

개요 작성은 어떻게 할까?

비가 내려 홍수가 나고 바람이 불어 세차게 내리쳐도
그 집은 무너지지 않았다. 바위 위에 기초를 세웠기 때문이다.
성경

| 개요 작성은 책의 뼈대를 잡는 것과 같다 |

책쓰기는 글을 쓰기 전 건물의 설계도에 해당하는 개요를 작성해야 한다는 점에서 집 짓기와 유사하다. 개요의 사전적 정의는 '간결하게 추려 쓴 주요 내용'이다. 개요는 글쓰기의 구성하기 단계에서 각 단락의 중심 내용과 세부 내용을 작성하는 데 바탕이 되는 나무의 큰 가지와 같은 역할을 한다(송진우, 『Basic 중학생을 위한 국어 용어사전』). 한 권의 책은 대략 40개의 꼭지 글로 구성되어 있다. 그리고 이 꼭지 글들은 5개 내외의 챕터로

묶이게 된다. 5개의 챕터(중심 내용)에 묶여 나열된 40개의 꼭지글(세부 내용)이 바로 책쓰기의 개요라고 할 수 있다. 따라서 개요를 작성할 때는 중심 내용에 해당되는 장제목을 먼저 정하고, 해당 장제목의 세부 내용에 해당되는 중제목을 정하는 순서로 진행하도록 한다. 지금 쓰고 있는 이 책을 예로 들자면 다음과 같다.

1. 장제목 정하기

1장 책쓰기는 퍼스널 브랜딩의 무기다
2장 1주차 자료조사 / 책쓰기는 자료조사다
3장 2주차 기획하기 / 책쓰기의 기획이다
4장 3~8주차 집필하기 / 책쓰기는 몸쓰기다
5장 책쓰기는 연결이다

2. 중제목 정하기

1장 책쓰기는 퍼스널 브랜딩의 무기다

• 책쓰기로 퍼스널 브랜딩의 무기를 만들어라!

- 8개월이 아니다, 8주면 된다!
- 책쓰기는 의미 있는 삶과 물질적인 만족, 두 마리 토끼를 잡는 일이다
- 될 때까지 작가인 척하면, 그렇게 된다
- 책쓰기에서 반복이 중요한 이유
- 책을 내는 순간 달라진다
- 책쓰기로 제 2의 삶을 시작하라

……

이렇게 개요가 정해지면 이제 책쓰기는 한결 수월해지는 걸 느낄 수 있을 것이다. 정해진 개요에 따라 글을 쓰기만 하면 책이 완성되는 것을 경험할 수 있다.

그렇다면 이와 같은 개요를 작성하는 것의 이점에는 무엇이 있을까?

첫째, 책을 완성할 수 있겠다는 자신감이 생긴다.

개요 작성에는 다양한 이점이 있지만, 첫 번째 장점은 바로 내 책이 실제로 완성될 수 있겠다는 자신감이 생긴다는 것이다. 실제로 책을 써본 사람은 책을 완성하는 데 있어 이 자신감이

얼마나 중요한지를 잘 안다. 개요를 작성하기 전까지는 과연 내 책이 완성될 수 있을지 안개 속을 걷는 것과 같은 기분이 들기 쉽다. 하지만 개요를 작성하고 나면 막막함이라는 안개가 깨끗하게 걷히는 느낌을 경험할 수 있다. 머릿속에 추상적으로만 존재하던 책의 실체가 개요 작성을 통해 눈앞의 현실로 드러나게 된다.

둘째, 책을 집필하다 길을 잃은 것 같이 느껴졌을 때 언제든지 다시 돌아와 방향을 재점검할 수 있게 된다.

개요를 작성하지 않고 책쓰기를 시작하는 것은 나침반 없이 미로를 탐험하는 것과 같다. 반대로 개요를 작성하는 것은 나침반을 통해 정확한 방향을 인지한 채로 길을 걷는 것과 같다. 실제로 책을 집필하다 보면 다양한 이유로 길을 잃은 것 같이 느껴질 때가 많다. 처음 생각했던 것과는 다른 방향으로 글을 써나가게 되기도 한다. 이때 미리 작성해 둔 개요는 책의 방향성이 지나치게 흐트러지지 않도록 방지하는 역할을 한다.

셋째, 본문 완성의 속도가 훨씬 빨라진다.

제대로 된 개요의 완성은 본문 집필 속도의 가속화를 돕는다. 책을 쓰기 시작한 예비 저자들이 실제로 많이 경험하는 첫 문장 쓰기의 막막함 역시 개요를 작성하는 것을 통해 해결할 수 있다. 완성된 개요는 해당 부분에서 어떤 내용의 글을 써야 하는지를 우리에게 알려준다. 책을 쓰는 사람은 개요에 적힌 내용을 하나하나 채워나가면서 전체 본문을 빠른 시간 내에 완성할 수 있다.

5

내 책의 독자는 과연 누구일까?

잠시 눈을 감고 서점 매대에 당신의 책이 진열되어 있는 모습을 상상해 보자.
누군가 당신의 책 앞으로 와서 책을 살펴본다.
그 사람의 모습은 어떠한가?

| 모두를 위한 책은 존재하지 않는다 |

책을 쓸 때는 타깃 독자에 대한 분석을 하는 것이 필수다. 한국교원대학교의 박영민 교수는 "글은 혼자만의 작품이 아니라 예상 독자와의 공동 작품"이라고 이야기하며 타깃 독자를 고려한 책쓰기의 중요성을 강조한다. 내가 쓰고 있는 이 책을 '누가, 왜 살 것인가?'에 대한 고민은 책쓰기를 시작하며 가장 먼저 던져야 할 질문이다. 타깃 독자를 고려할 때는 그 사람 자체가 되어야 한다. 그 사람의 입장에서 마음 상태와 고민 등을 다

각도로 떠올려봐야 한다. 예를 들어, 지금 내가 쓰고 있는 이 책의 타깃 독자는 '책쓰기를 처음 시작하는 예비 저자'다. 책쓰기를 처음 시작하는 사람들의 고민은 책을 출간해야겠다고 마음은 먹었지만 어디서부터 어떻게 시작해야 할지를 모른다는 것이다. 또한 책을 쓰고 싶어 하는 사람들 중 대다수는 본인이 책을 쓸 수 있다는 용기와 자신감이 부족한 상태다. 이러한 타깃 독자들의 입장에서 책을 쓸 수 있는 자신감과 용기를 불어넣어 주고, 책을 출간하기 위한 실질적인 노하우와 방법을 담은 책을 집필하려 노력했다.

책을 쓸 때 하기 쉬운 실수는 타깃 독자를 분명히 정하지 않는 것이다. 사실 명확한 타깃 독자를 정한다는 것은 꽤나 귀찮은 일이다. 잘 떠오르지도 않고, 내 책은 모든 사람에게 도움이 될 것이라는 조금은 겁 없는 생각도 들기 때문이다. 이 책을 쓰고 있는 나 역시 처음 책을 기획하며 타깃 독자를 '책쓰기에 관심 있는 모든 사람'으로 잡았다. 하지만 원고를 집필해나갈수록 이보다 더 좁게 타깃 독자를 설정해야겠다는 생각이 들었다. 사실 책쓰기라는 분야는 글쓰기 분야에 비해 출판 시장에서 시장 규모가 작은 편이다. 따라서 시장 규모가 작은 만큼 더 세심하게 타깃 독자를 설정하지 않으면, 이미 출간되어 있는 책쓰기 책들과 별다를 게 없는 책이 될 수 있겠다는 생각이 들었다. 우선 먼저 연령층을 30~40대로 정했다. 대한민국에서 10대는 입시 외에는 다른 것에 신경 쓸 겨를이 없다. 그리고 무엇보다 구매력이 없다. 20대 역시 취업의 문을 뚫는 것에 관심이 쏠려 있어 책쓰기라는 영역을 도전하기가 쉽지 않다고 판단했다. 반면 30대부터는 이제 막 경제활동을 시작하면서 자기계발에 몰두할 시간적, 경제적 여유가 있다. 이렇게 자기계발에 관심이 많은 30~40대라는 타깃을 설정할 수 있었다. 나아가 직업을 정해야 했는데, 전문 강사 혹은 자기 분야의 전문가를 타깃으로 삼았다. 코로나19로 인해 기존의 전문성을 지닌 사람들의 퍼스널 브랜딩이 더욱 중요해졌다. 이제는 스스로가 자신을 세상에 알리고 증명해야 하는 시대가 된 것이다. 책쓰기는 자신의 전문성을 증명하는 데 더없이 좋은 도구다. 이러한 직업을 가진 사람들에게 책쓰기를 통한 퍼스널 브랜딩의 욕구가 있다고 판단했다. 이렇게 '자기계발에 관심이 많은 30~40대 강사(전문가)'라는 구체적인 타깃 독자를 설정할 수 있었다. 이렇듯 타깃 독자는 최대한 뾰족하게 정하는 것이 좋다. 구체적인 타깃 독자의 페르소나Persona를 설정하기 위해 다음 질문에 답해보도록 하자.

타깃 독자의 페르소나를 설정하기 위한 10가지 질문

1. 타깃 독자는 남성인가, 여성인가?

2. 타깃 독자의 나이는 몇 살인가?

3. 타깃 독자의 직업은 무엇인가?

4. 타깃 독자의 경제적 수준은 어떠한가?

5. 타깃 독자가 사는 지역은 어디인가?

6. 타깃 독자의 취미는 무엇인가?

7. 타깃 독자의 현재 관심사는 무엇인가?

8. 타깃 독자가 현재 겪고 있는 어려움에는 무엇이 있는가?

9. 타깃 독자가 당신의 책을 통해 얻고 싶어 하는 것은 무엇인가?

10. 타깃 독자가 당신의 책을 읽은 후에는 어떤 변화가 생기는가?

6

독자를 유혹하는 카피를 써라

막연한 카피, 추상적인 카피, 관념적인 카피와 멀어지려고 애쓰십시오.*

| 책을 빛나게 하는 카피 문구 |

잘 팔리는 책의 특징은 매력적인 제목과 함께 독자들의 시선을 끌어당길 수 있는 카피에 있다고 해도 과언이 아니다. 실제로 독자들은 책을 고를 때 제일 먼저 책의 표지를 보게 되고, 카피 문구는 이 표지를 통해 제목과 함께 독자들에게 노출된다. 카피 문구는 다른 사람의 주의를 끌기 위해 사용되는 문장 및

* 정철, 『카피책』, 허밍버드(2016)

광고 문구를 뜻한다. 지금 당장 주변에 있는 아무 책이나 집어 들어 표지를 살펴보자. 아마 거의 대부분의 책들의 표지 앞뒷면에 제목과 함께 카피 문구가 적혀져 있는 것을 확인할 수 있을 것이다. 많은 독자의 사랑을 받은 베스트셀러 책들 역시 매력적인 카피 문구들을 지니고 있는 경우가 대부분이다.

밀리의 서재 베스트셀러 1위를 하고 독자 요청 쇄도로 종이책으로 출간된 『어서 오세요, 휴남동 서점입니다』라는 소설이 있다. 책의 앞표지에는 제목과 함께 **"오직 독자 입소문으로 베스트셀러가 된 2022년 최고의 감동 소설", "읽는 것만으론 부족하다! 이 공간에서 살고 싶다"**와 같은 카피 문구가 함께 적혀져 있다. 책의 표지를 처음 발견한 독자들은 먼저 입소문으로 베스트셀러가 되었다는 카피 문구를 보고 책에 대한 호기심을 가지게 될 것이다. 또한 최근 들어 위로와 울림이 필요하다고 느끼고 있던 독자들 역시 카피 문구를 통해 책을 읽어보고 싶은 마음이 들 것이다. 이처럼 카피 문구는 책의 제목만으로는 수행할 수 없는 영향을 독자들에게 끼치곤 한다.

교보문고 국내도서 주간베스트 7위, 경제/경영 주간베스트 2위를 기록한 『NFT 레볼루션』이라는 책이 있다. 대체 불가 토큰을 뜻하는 NFTNon-Fungible Token에 관한 내용이 담긴 이 책의 카피 문구는 다음과 같다. **"NFT 개념부터 비즈니스 활용사례, 시장**

전망과 리스크까지 최초 분석!", "미국, 유럽, 아시아 등지에서 활동 중인 세계적인 저자들!", "신한은행 대표, 삼성자산운용 대표, 카카오 한재선 대표, SM 이수만 총괄 강력 추천!" 평소 디지털 기술에 관심이 많았던 사람들은 세계적인 전문가들이 NFT에 대해 분석해 놓았다는 문구를 보고 책을 구매하고 싶은 마음이 들 것이다. 또한 다양한 재계 인사들이 강력 추천했다는 카피 문구는 독자들의 책에 대한 신뢰도를 높아지게 만든다. 이처럼 카피 문구는 책의 판매에 있어 제목 못지않게 중요한 역할을 한다.

다음 5단계에 걸쳐 내 책의 카피 문구를 만들어보자.

매력적인 카피 문구를 만드는 5단계

1. 내 책과 같은 주제의 책들을 10권 고른다.
2. 고른 책들이 어떤 카피 문구들을 사용하고 있는지를 확인한다.
3. 카피 문구들 중 독자들을 가장 잘 유혹하고 있다고 생각되는 문구를 선정한다.
4. 해당 문구를 내 책에 어울리도록 수정하고 변형해 본다.
5. 내 책과 같은 주제의 책들을 더 찾아서 앞의 과정을 반복한다.

성경에는 "하늘 아래 새로운 것은 없다"라는 말이 나온다. 카피 문구 역시 마찬가지다. 모방은 창조의 어머니다. 잘 만들어진 카피 문구를 찾아서 내 책에 맞게 제대로 흉내 내보도록 하자.

그렇다면 카피 문구를 작성할 때 유의사항에는 무엇이 있을까?

첫째, 카피 문구는 제목과 어울려야 한다.

카피 문구는 후킹Hooking, 즉 독자들의 시선을 가로챌 수 있어야 하지만 후킹에만 치우쳐져서 책의 제목과 어울리지 않는 문구를 사용해서는 안 된다. 카피 문구는 제목을 빛나게 하기 위한 도구에 해당한다. 따라서 제목과 어울리면서 독자들의 흥미를 유발할 수 있는 카피를 만들어야 한다.

둘째, 카피 문구는 제목이 전달하지 못하는 내용을 전달할 수 있어야 한다.

글로벌 기업 켈리델리의 창립자 켈리 최가 쓴 『웰씽킹WEALTHINKING』이라는 이름의 책이 있다. 이 책의 카피 문구는 **"10억 빚더미를 연매출 6,000억과 맞바꾼 부의 원리"**, **"왜 누구는 부자로, 누구는 빈자로 사는가? 그 모든 비밀은 웰씽킹에 있다!"**이다. 단순히 〈웰씽킹〉이라는 제목만으로는 이 책이 자기계발 서적인지 인문학 서적인지조차 구분할 수 없다. 하지만 이렇듯 카피 문구를 통해 부의 원리를 다루고 있는 자기계발 서적임을 알려줄 수 있다.

셋째, 카피 문구는 독자들의 기대 심리를 불러일으킬 수 있어야 한다.

잘 만들어진 카피 문구는 책을 읽지 않더라도, 이 책을 읽으면 내가 무엇인가 얻을 수 있을 것이라는 강한 확신이 들게 한다. 강환국 작가가 쓴 『거인의 포트폴리오』의 카피 문구는 다음과 같다. **"돈 버는 사람들은 이렇게 주식을 삽니다!"**, **"따라만 하면 수익이 나는 대가들의 검증된 투자 시스템"**, **"일 년에 한 번, 한 달에 한 번 매매로 수익 내는 실전 투자전략"** 이 책의 카피 문구를 읽은 독자들은 이 책만 읽으면 마치 나도 당장 주식으로 수익을 낼 수 있을 것만 같은 기분을 느낄 것이다. 물론 이러한 카피 문구를 사용한 책에는 실제로 수익을 내기 위한 검증된 주식 투자 시스템이 적혀져 있어야만 한다. 만약 그렇지 않다면 책을 읽은 독자는 실망하게 될 것이고, 독자의 실망은 책의 바이럴 마케팅에 좋지 않은 영향을 끼칠 수 있다.

7

시장분석도 안 하고 팔리는 책을 운운하면 안 되지!

시장조사는 사람들의 생각이나 행동 패턴을 잘 안다는 착각에서 벗어나, 사람들이 실제로 어떤 생각과 행동을 하는지 알아내는 것이다.

데이비드 이디올스(리서치회사 HPI 대표)

| 내 책이 과연 시장에서 먹힐까? |

책을 쓰기로 결심했다면, 어떠한 주제로 책을 써야겠다는 생각을 하게 되었을 것이다. 또한 어떠한 콘셉트로 책을 완성할 것인지 기획하게 되었을 것이다. 이러한 기획이 끝났다면 그다음으로는 시장분석을 해야 한다. 시장분석이란 내가 쓰고자 하는 책과 같은 주제의 책이 얼마나 출간되어 있고, 책의 콘셉트는 대체로 어떠하며, 내가 틈새로 들어갈 만한 시장이 어느 쪽인지를 분석하는 행위다. 경제학에서 많이 알려진 블루오션Blue Ocean

이라는 용어가 있다. 블루오션은 '고기가 많이 잡힐 수 있는 넓고 깊은 푸른 바다', 즉 현재 존재하지 않거나 알려져 있지 않아 경쟁자가 없는 유망한 시장을 뜻한다(기획재정부, 『시사경제용어사전』). 시장조사의 목적은 이러한 블루오션을 발견하는 데 있다. 내가 쓰고자 하는 주제와 관련된 출간 시장을 분석함으로써 내 책을 어떻게 차별화시켜 틈새시장 창출에 성공할지를 고민해야 한다. 물론 이렇게 블루오션을 노릴 때는 독자층이 아예 없는 분야는 찾아서는 안 된다.

시장조사의 가장 손쉬운 방법은 오프라인 서점을 방문해 관련 책을 조사하는 것이다. 오프라인 서점 방문이 어렵다면 온라인 서점을 통해 조사하는 것 역시 가능하다. 예를 들어 '책쓰기'를 주제로 책을 쓰고자 한다면 '책쓰기'라는 키워드의 제목을 가진 유사 도서 리스트를 모조리 확보해야 한다. 이때 온라인 서점을 통해 어떤 책의 판매량이 높은지, 또 최근에 출간된 책들에는 무엇이 있는지를 확인하는 것이 좋다. 기존 책들의 판매량을 확인하는 이유는 해당 분야의 독자들이 구매력이 있는지를 확인하기 위해서다. 또한 이를 통해 해당 시장의 크기를 파악할 수 있다. 최근에도 같은 주제로 책이 꾸준히 출간되는지를 통해서 해당 분야에 대한 출판사의 출간 의향을 짐작해보는 것이 가능하다.

내가 정한 주제와 콘셉트가 시장에서 먹힐 것이냐, 그렇지 않느냐는 매우 중요하다. 시장에서 먹힌다는 말은 즉 시장성, 판매성이 있다는 것을 의미한다. 우리의 목표는 출판사에 투고해서 책을 기획 출판하는 것이다. 앞서 출판사는 한 권의 책을 출간하는 데 약 1천만 원의 비용을 투자한다고 했는데, 내 책의 주제와 콘셉트가 최소 1천만 원의 비용을 상쇄할 만한 가치가 있어야 한다. 출판사의 선택을 먼저 받지 못한 책은 결코 출간될 수 없다. 따라서 책을 쓰고자 하는 예비 작가는 시장조사를 통해 내 책이 출판사의 투자를 받을 만큼 시장성이 있는 책인지를 점검해야 한다.

시장성과 함께 중요한 것은 바로 '트렌드'다. 실제로 다수의 책들이 시기를 잘 맞아서 베스트셀러의 명단에 오르곤 한다. 이렇듯 현 시대의 트렌드를 분석하고 트렌드에 맞는 책의 주제와 콘셉트를 바탕으로 책을 기획하는 것은 매우 중요하다. 트렌드를 분석할 때는 신문이나 뉴스 기사 등을 통해서도 분석이 가능하겠지만, 『트렌드 코리아 2022』와 같은 종류의 책을 참고하는 것도 하나의 방법이 된다. 현재 트렌드와 함께 경쟁 도서들을 분석해 내 책만의 차별화 포인트를 찾는 것은 매우 중요하다. 트렌드를 분석할 때는 내 책의 출간 시기에 맞춰 현재가 아닌 최소 6개월 후를 기준으로 분석하는 것이 좋다. 사실 6개월

뒤의 출간 시장 방향에 대해 완벽히 예측하는 것은 불가능하다. 하지만 대략적인 시장 방향과 독자들의 관심 키워드를 유추해 내는 것은 가능하다. 신문 기사, TV 뉴스, 인터넷 뉴스, 유튜브, SNS 등에서 계속해서 바이럴되는 키워드에는 무엇이 있는지를 찾아보자. 또한 최근 3개월 사이 전국가적으로 발생했던 사건이나 이슈 등을 통해서도 향후 트렌드 분석의 단초를 발견할 수 있다.

4장

3~8주차 집필하기

책쓰기는 몸 쓰기다

1

40일 안에 초고 쓰기

거의 모든 명문들도 거의 다 형편없는 초고로부터 시작된다.
당신은 일단 무슨 문장이든지 써볼 필요가 있다.
내용은 뭐라도 상관없다.
시작이 반이라고, 종이 위에 쓰기 시작하는 것이 중요하다.
앤 라모트

| 초고를 쓰기 시작했다면 언제까지 끝낼지를 정하자 |

초고는 단숨에 써야 한다. '헤밍웨이 이후 가장 영향력 있는 소설가'라 불리는 레이먼드 카버는 초고를 쓸 때 최대한 빨리 페이지를 채워나간다고 말한 바 있다. 초고를 쓰는 데 있어 섣부른 자기검열은 금물이다. 초고는 퇴고하기 전의 글이다. 즉, 얼마든지 수정할 수 있는 글이라는 뜻이다. 따라서 초고를 쓸 때는 나중에 수정한다는 생각으로 거침없이 쓰기를 추천한다. 『뉴욕 타임스』 베스트셀러 작가이자 미국에서 '대중의 작가'라

불리는 앤 라모트Anne Lamott는 말한다.

> **"실제로 내가 무엇이라도 쓸 수 있는 유일한 방법은 정말로 조잡한 초고를 쓰는 것뿐이다. 거의 밑그림이나 설계도에 해당하는 원고 말이다."***

나 역시 초고를 쓸 때는 엉망진창의 수준으로 글을 쓴다. 문장들의 논리적 전개도 부족하고, 군데군데 내용이 비어 있는가 하면, 했던 말을 또 하기도 하고, 아예 '○○' 추가와 같이 메모를 붙여 놓기도 한다. 이렇게 쓰다 보면 '과연 이 글들이 모여 한 권의 책이 될까?'라는 의심이 들곤 한다. 하지만 이렇게라도 초고를 완성해낸 사람과 아무 글도 적지 않은 사람 간에는 비교할 수 없는 큰 차이가 있다. 이렇게나마 100페이지의 분량을 채워냈다면 그 후 할 일은 문장을 다듬고 윤내는 작업을 통해 원고를 완성해내는 것이다. 허접하고 조악할지라도 수정할 초고가 있는 것과 그렇지 못한 것은 천지 차이다. 따라서 부족한 모습 그대로의 초고 쓰기를 두려워하지 않기를 바란다. 『태도에 관하여』를 쓴 임경선 작가는 초고 쓰기와 관련해 다음과 같이 말한다.

---

* 앤 라모트, 『쓰기의 감각』, 웅진지식하우스(2018), p67

"책을 쓰는 일련의 과정 중에 내가 가장 즐거울 때는 얼개를 잡고 초고를 내키는 대로 써나갈 때다. 얼마 전 나는 그 첫 번째 즐거움인 '초고 쓰기'를 했다. 참고로 여기서 말하는 '초고'란 출판사에게 보내는 첫 정식 원고로서의 초고가 아닌, 완성도와 상관없이 어쨌거나 책 한 권 분량을 채워 놓은 글 뭉치라는 의미의 초고다. 처음 쭉쭉쭉 술술술 써나가는 원고 말이다."*

나 역시 그녀의 말에 공감하는 바다. 100페이지나 되는 분량의 초고를 완성하기 전까지는 몰랐는데, 미완성의 초고를 조금씩 채워나가는 과정이 생각보다 재미있다는 것을 발견했다. 이대로 출판사에 투고할 것이 아니기 때문에 쓰는 데 전혀 부담이 없었다. 그냥 써지는 대로 쓰면 됐다. 20페이지, 40페이지, 60페이지, 80페이지, 100페이지… 분량이 채워져 나갈 때마다 이 초고가 얼마나 빛나는 원고로 재탄생될지가 기대되고 떨렸다. 초고는 아무에게도 보여줄 필요가 없는 글이다. 따라서 막 써도 된다. 일단 초고를 완성하자. 글의 수준은 퇴고를 하며 자연히 좋아질 것이다. 앞에서 초고는 단숨에 써야 한다고 말했다. 전 세계적으로 3억 부 이상 팔린 책들을 쓴 베스트셀러 작

---

* 문화웹진 채널예스 칼럼, '초고가 뭐길래'
(https://ch.yes24.com/Article/View/28605)

가 스티븐 킹은 말한다.

"나는 어떤 소설이든—설령 분량이 많더라도—한 계절에 해당하는 3개월 이내에 초고를 끝내야 한다고 믿는다. 그보다 오래 걸리면—적어도 내 경우에는—이야기가 왠지 낯설어진다."*

효율적인 3개월 사용법을 알려주는 책, 『3개월 사용법이 인생을 바꾼다』를 쓴 사사키 다이스케는 **"3개월이라는 시간의 단위는 전력투구해서 하나의 주제에 집중할 수 있는 한계"****라고 정리한다. 지금 쓰고 있는 이 원고는 40일 안에 완성시킨 원고다. 하루 1시간 글쓰기 습관으로 40일 만에 초고를 완성시킬 수 있었다. '파킨슨의 법칙'에 따르면 사람은 어떤 일이든 정해진 시간이 소진될 때까지 일을 미루는 경향이 있다고 한다. 즉, 동일한 일도 2시간이 주어지면 2시간에 해내지만, 4시간이 주어지면 4시간에 해낸다는 것이다. 초고 완성에 3개월도 길다고 생각한다. 초고 완성은 40일이면 충분하다. 그러니 당신도 딱 40일만 투자해보는 건 어떤가? 40일이면 초고를 완성시킬 수 있다.

---

* 스티븐 킹, 『유혹하는 글쓰기』, 김영사(2017), p187

** 사사키 다이스케, 『3개월 사용법이 인생을 바꾼다』, 도서출판에밀(2019)

책을 완성하기 위해서는 반드시 기한을 설정해야 한다. 책을 기획하고 탈고하는 데까지 정확히 8주라는 기한을 설정했다. 그리고 그 기한 덕분에 책을 성공적으로 완성할 수 있었다. 초고를 40일 안에 완성하지 못하면 4년이 걸려도 40년이 걸려도 책을 완성하지 못할 것이다.

2

왜 첫 문장을 쓰지 못할까?

첫 문장은 대단한 문장이 아니어도 상관없다.
흠 잡을 데가 많은 조잡한 문장이어도 좋다.
한 문장 한 문장 써라.
한 문장의 마침표를 찍기 무섭게 다음 문장을 써라.*
조앤 디디온

| 본문을 쓸 때 기억해야 할 것들 |

책을 처음 쓰기 시작한 사람들이 마주하는 막막함은 바로 어디서부터 어떻게 써야 할지 잘 모르겠다는 것이다. 한 권의 책은 수없이 많은 문장들로 이루어져 있다. 즉, 책을 쓰기 위해서는 첫 문장을 쓰는 것부터 성공해야 한다. 첫 문장을 쓰는 두려움은 '잘 써야겠다'라는 완벽주의에서 비롯한다. 잘 써야겠다는

---

* 송숙희, 『당신의 책을 가져라』, 국일미디어(2017)

생각을 내려놓을 때 첫 문장을 보다 쉽게 적어 내려갈 수 있다. 이 책을 쓰기 위해 책쓰기에 관련된 책 40권을 읽었다. 거의 모든 책에서 공통적으로 하는 말이 있었는데, 그건 바로 "일단 써야 한다"라는 것이었다. 일단 무작정 쓰기는 책쓰기 분야에 있어 하나의 정설로 굳어졌다. 노트북이 없어 원고지에 글을 써야 했던 과거에는 조금 더 신중하게 글을 써야 했다. 쓴 글을 지우고 다시 쓰는 것이 어려웠기 때문이다. 하지만 지금은 다르다. 언제든지 수정할 수 있는 환경이 되었다. 첫 문장을 쓰기 막막할 때는 다음 여섯 가지를 기억하자.

첫 문장 쓰기가 쉬워지는 여섯 가지 팁

첫째, 내가 말하고자 하는 주제에 관해 쓰인 다른 책의 글을 모방해서 쓴다.

모방은 창조의 어머니라는 말이 있다. 모방은 표절과는 다르다. 책을 쓰기 위해서 유사 도서들을 많이 읽었을 것이다. 읽었던 유사 도서들 중 목차를 펴서 내가 말하고자 하는 주제에 관해 적혀 있는 부분을 찾아라. 가령 책쓰기 분야에서 '퇴고'를 주제로 글을 써야 할 때 유사 도서의 목차에서 '퇴고'라는 키워드가 적힌 페이지를 찾아 읽는 것이다. 이렇게 나와 다른 사람이 쓴 글을 읽으면 내가 써야 할 글의 방향을 잡는 데 도움이 된다. 한 권이 아니라 여러 권에서 하는 이야기를 종합해 새로운 나만의 형식으로 글을 적으면 된다.

둘째, 나중에 고친다는 생각으로 쭉쭉 쓴다.

글의 진도가 안 나가는 대부분의 이유는 글을 쓰고 지우고를 반복하기 때문이다. 글을 지우고 다시 쓰는 과정은 퇴고 과정에서 지겹도록 해야 한다. 따라서 처음 글을 쓸 때는 조금 엉성해 보인다 하더라도 수정 없이 한 번에 쭉 글을 적도록 하는 것이 효율적이다.

셋째, 인용으로 글을 시작한다.

앞서 책을 쓰기 위해서는 상당한 양의 자료조사가 뒷받침되어야 한다는 말을 했다. 써야 할 글이 잘 생각나지 않을 때는 자료조사를 통해 메모해 두었던 책의 문장이나 명언 등으로 글을 시작하면 쉽다. 먼저 이렇게 글을 시작한 후, 해당 인용을 뒷받침하는 내용으로 다음 글을 적는다. 이렇게 적다 보면 계속해서 글을 적을 수 있다. 시구나 속담, 영화 혹은 드라마 대사로 글을 시작하는 것도 효과적이다. 예를 들어, '시작이 반이다'라는 속담을 사용해 "시작이 반이다. 세계적인 베스트셀러 책들도 처음에는 첫 문장으로 시작되었다."와 같이 문장을 쓸 수 있다.

넷째, 질문으로 글을 시작한다.

질문은 글의 시작을 매끄럽게 만들도록 돕는다. 큰 고민 없이 적절한 질문만 잘 사용하면 금세 몇 줄의 문장을 쓸 수 있다. 예를 들어, "많은 사람이 책쓰기를 생각은 하지만 실제로 실천으로 옮기지 못하는 이유는 뭘까?"라고 질문한 후, "사람들이 책쓰기를 실천하지 못하는 이유는 크게 세 가지로 볼 수 있다. 첫째……."와 같이 글을 쓸 수 있다. 또한 "책이 잘 팔리기 위해서는 무엇이 가장 중요할까?"라고 질문한 후 "책이 팔리는 데는 다양한 요소들이 작용하겠지만, 책의 성공적인 판매에 가장 크게 관여하는 것은 단언컨대 '제목'이다"와 같이 글을 시작할 수도 있다. 이렇듯 질문은 어떻게 글을 시작해야 할지 모르겠을 때 사용하면 좋은 글쓰기 방식이다.

다섯째, 독자들의 공감을 유발하는 메시지로 글을 시작한다.

공감을 불러일으키는 글을 쓸 수 있는 것은 매우 중요하다. 독자들의 공감을 유발하는 데 성공한다면 독자들은 누가 시키지 않아도 당신의 글을 끝까지 읽으려 할 것이기 때문이다. 독자들은 공감받기를 원한다. 서점이나 도서관에서 집어 드는 책들 역시 제목과 카피 문구를 통해 독자들의 공감대를 형성하는 데 성공한 책이 대부분이다. 가령, "글을 써야겠다고 마음먹고 노트북은 켰지만 화면에는 마우스 커서만 계속 깜빡거리는 채 써야 할 글은 안 써졌던 경험이 다들 있을 것이다."라고 글을 시작한다면, 같은 경험을 한 독자들은 '맞아 맞아'라며 다음 내용의 글을 찾아 읽을 것이다.

여섯째, 개인적인 경험을 바탕으로 글을 시작한다.

사람들은 그냥 적힌 글보다 스토리를 더 쉽게 읽는 경향이 있다. 써야 할 주제와 관련된 일화나 에피소드는 글의 내용을 자연스럽게 이어갈 수 있도록 돕는다. 가령, "몇 달 전 책쓰기 강의를 했을 때의 일이다. 강의에 참여한 사람들에게 책을 쓰고 싶은 이유에 관해 질문했다. 많은 사람이 '나의 이야기를 하고 싶어서'라고 답했다."와 같이 쓸 수 있을 것이다. 이러한 에피소드를 쓴 후 책쓰기 시작 전 '나만이 할 수 있는 나의 이야기'를 발견하는 것의 중요성에 관해 글을 이어나갈 수 있을 것이다.

3

글이 쉽게 써지는 본문 쓰기 6단계

**본문 쓰기는 연습을 통해 실력을 향상시킬 수 있다.
다음 6단계에 맞춰 본문 쓰기를 연습해 보자.**

| 1단계, 첫 문장에서 주의를 끌지 못하면 끝이다 |

첫인상에 관한 흥미로운 연구 결과가 있다. 사람의 첫인상이 결정되는 데는 단 3초면 충분하다는 것이다. 책쓰기에서의 본문 역시 마찬가지다. 이 책을 계속 읽어야 말지 결정하는 데는 그리 많은 시간이 필요하지 않다. 첫 문장의 문체, 내용 등만으로 단 3초면 결정난다. 초두효과라는 말이 있다. 첫인상의 중요성을 강조하는 말이다. 본문 한 꼭지는 대개 3분 내외이면 다 읽는다. 처음 3초를 사로잡지 못하면, 뒤의 3분은 없다. 첫 3초를 사로잡아야 사람들이 3분간 내 글을 읽게 만들 수 있다. 이를 두고 '3의 법칙'이라 부른다. 그렇다면 첫 문장에서 주의를 끄는 방법에는 무엇이 있을까?

첫째, 질문으로 글을 시작하라.

질문은 사람들이 생각할 계기를 만든다. 특히 그 질문이 독자의 상황에 적합한 질문이었다면? 독자들의 마음에는 자연히 다음 내용에 관한 기대가 부푼다. 따라서 본문의 시작을 질문으로 시작하는 건 하나의 좋은 방법이 된다.

둘째, 공감할 만한 메시지로 시작하라.

기본적으로 사람은 타인에게 공감받고 싶어 한다. 내가 지금 처한 상황에 깊게 공감해 주는 사람의 이야기에 자연히 관심이 가기 때문이다. 따라서 본문의 시작을 많은 사람이 공감할 만한 이야기로 시작하는 건 사람들의 주의를 끄는 데 효과적이다.

셋째, 사람들의 추측 기제를 무너뜨리는 말로 시작하라.

사람들의 추측 기제를 깨뜨린다는 건 의외성을 활용하는 걸 의미한다. 기본적으로 사람들이 가지고 있는 통념 또는 지식에 반하는 내용으로 본문을 시작해 보자. 사람들은 궁금해서라도 당신의 이야기를 끝까지 읽게 될 것이다. 사람들은 궁금한 것을 참지 못한다. 사람들의 인지 부조화를 일으킬 수 있는 문장을 던지고, 흥미롭게 글을 이어나가보자.

| 2단계, 핵심 메시지를 먼저 전달하라 |

글쓰기 피드백으로 "두괄식으로 써라"라는 말을 들어본 적이 있을 것이다. 즉, 결론을 먼저 앞에서 밝히고 글의 내용을 전개하는 것은 글쓰기의 기본이다. 책의 본문 역시 마찬가지다. 물론 의도적으로 결론을 앞에서 숨겼다가 뒤에서 공개하는 식으로 글을 쓰는 것 역시 가능하다. 하지만 일반적인 본문에서는 해당 본문에서 전하고자 하는 주제를 먼저 제시하는 것이 좋다. 예를 들어, '이번 글은 ~에 관한 글이다'라고 이야기해주는 것이다. 핵심 메시지를 먼저 전달하는 것의 장점은 무엇일까?

첫째, 독자들의 이탈률을 줄일 수 있다.

의도적으로 결론을 숨긴 채 독자들의 집중도를 끝까지 이끌어갈 수 있는 능력이 없는 이상, 차라리 결론을 앞에서 밝히고 해당 결론에 관심 있는 사람들만이라도 이탈을 막는 것이 낫다.

우리 주변에는 도대체 무얼 말하고자 하는지 모르겠는 글들을 손쉽게 찾아볼 수 있다. 이런 글을 읽게 된 독자들은 십중팔구 글을 읽다 말고 나가버린다.

둘째, 독자들의 글 내용에 관한 이해를 돕는다.

이 글의 핵심에 해당하는 부분을 먼저 알려주게 되면 독자들은 그 메시지를 기준으로 글을 읽게 된다. 즉, 독자들은 무엇을 집중하며 글을 읽어야 할지 그 기준점을 얻게 된다. 이러한 기준점의 유무는 독자들의 이해를 돕는 데 중요한 역할을 한다. 물론, 이러한 기준점 없이도 글의 내용을 100% 이해하는 독자들 역시 존재한다. 하지만 이러한 사람들은 일부에 불과하다. 당신이 쓴 글의 대상은 평범한 일반 독자임을 기억하자.

셋째, 글의 전달력을 높인다.

독자들은 읽기 쉬운 글을 원한다. 읽기 쉽다는 건 글의 핵심 메시지가 정확히 전달되었다는 것을 뜻한다. 독자들은 본문을 읽으며 '그래서… 이 글에서 전하고자 하는 핵심 메시지가 뭔데?'라고 궁금해한다. 핵심 메시지를 먼저 전달하면 독자들의 궁금증을 해소할 수 있을 뿐만 아니라 본문 전체의 전달력을 높일 수 있다.

| 3단계, 전하고자 하는 의견 또는 주장을 밝혀라 |

첫 문장에서 흥미를 유발하고, 글의 핵심 메시지를 전달했다면 글의 서론이 끝난 셈이다. 이제 본론을 시작하면 된다. 본론의 시작은 당신이 전하고자 하는 의견 또는 주장을 밝히는 것에서 시작하라. 예를 들어, "A는 B이다", "A는 B라고 생각한다" 등이 의견과 주장에 해당한다. 의견을 만드는 건 쉬운 일이다. 어떤 경우든 먼저 질문을 만들고, 이에 대한 대답을 구하면 된다. 이렇게 구해진 답이 '의견'에 해당한다. 예를 들면 아래와 같다.

Q. 책을 잘 쓰기 위해서는 어떻게 해야 하는가? (질문)

A. 책쓰기에 필요한 지식과 기술을 익히고, 올바른 태도로 책쓰기 습관을 형성하면 된다. (대답=의견)

의견이 아닌 사실을 다루는 본문의 경우, 글의 목적에 맞게 독자들에게 도움이 되는 사실 정보를 잘 정리해서 전달하면 된다. 흔히 IT 정보 글 등이 여기에 해당한다. 하지만 주장이 담긴 글의 목적은 '설득'에 있다. 나의 주장을 논리적으로 전개해 사람들이 동의하고 당신이 원하는 반응을 끌어내는 것이 목표다. 잘 주장하기 위해서는 먼저 내가 말하고자 하는 것이 사실 정보인지, 의견 정보인지를 구분할 수 있어야 한다. 많은 사람이 이 둘조차 구분하지 못한 채 글을 적는 오류를 범한다.

| 4단계, 주장에 걸맞은 이유 또는 근거를 제시하라 |

주장이 터무니없는 주장으로 끝나지 않기 위해서는 주장에 걸맞은 적절한 근거가 필수다. 일단, 주장했다면 근거가 있어야 한다. 하버드대 컴퓨터공학과 마고 셀처 교수는 **"내가 왜 그렇게 생각하는지, 왜 그런 식이 유익한지를 전달할 수 없다면 아무도 나를 믿지 않을 것이다. 글쓰기의 목표는 사람들에게 당신의 아이디어가 가치 있다는 것을 확신시키는 것이다"***라고 말했다. 책을 쓴다는 건 내 생각이 얼마나 가치 있는지를 주장하는 일이고, 그 주장이 가치 있기 위해서는 왜 그런지를 설득력 있게 증명할 수 있어야 한다. 이유와 근거를 만드는 것 역시 간단하다. "왜냐하면 ~이기 때문이다"의 구성으로 적기만 하면 된다. 예를 들면 다음과 같다.

---

* 송숙희, 『돈이 되는 글쓰기의 모든 것』, 책밥(2020), p55

주장: 글을 잘 쓰기 위해서는 꾸준히 글 쓰는 습관이 필요하다.
근거: 왜냐하면 수많은 베스트셀러 작가들이 글을 잘 쓰는 공통적인 비결로 꾸준한 글쓰기를 이야기하기 때문이다.

영어 문장에서 '주어+동사'가 문장 구성의 필수요소라면, 좋은 본문의 필수 요소는 '주장+근거'이다. 주장과 근거만 제대로 사용할 수 있어도 어디 가서 글이 논리적이지 못하다는 이야기는 듣지 않는다. 글을 쓸 때 항상 다음 과정을 거치도록 하자.

1. 내가 지금 이야기하는 것은 주장인가 사실인가?
2. 내가 이야기한 것이 주장이라면, 이 주장을 뒷받침할 수 있는 근거에는 무엇이 있는가?

세상의 모든 일에 이유가 있듯, 세상의 모든 주장에는 이유가 있어야 한다.

| 5단계, 예시를 들어 이해를 도와라 |

주장을 밝히고 근거까지 들었다면, 이에 걸맞은 예시로 당신의 논거를 더욱 탄탄하게 하라.

이유와 근거를 제시하는 것만으로는 본문의 논리성을 확보하는 데 부족함이 있다. 하지만 여기에 적절한 예시를 덧붙인다면 글의 논리는 한층 증가한다. 글에 대한 사람들의 몰입도와 이해를 끌어올리는 것은 덤이다. 미국의 심리학자 리처드 니스벳 교수는 연구를 통해 **"어떤 판단을 할 때 사례 정보가 이론보다 더 큰 영향력을 발휘한다"***라는 것을 밝혀냈다. 일단 예시가 있으면 글이 쉬워진다. 사람들은 '무엇이 어떠하다'라는 이론보다, '누가 무엇을 했다더라'라는 경험 이야기를 더 빨리 이해하고 받아들이기 때문이다. 좋은 강의에 항상 빠짐없이 등장하는 것이 무엇인지 아는가? 바로 '예시'다. 주장하고 근거를 밝혔다면 예시로 근거를 뒷받침하자. 이보다 더 단순하면서도 손쉽게 논리를 확보하는 방법은 없다.

| 6단계, 이끌어내고 싶은 결과 또는 반응을 도출하라 |

주장-근거-예시까지 들었다면 글의 본론이 끝난 셈이다. 마

---

* 송숙희, 『돈이 되는 글쓰기의 모든 것』, 책밥(2020), p57

지막 결론의 역할은 크게 두 가지다.

1. 본문의 내용을 정리하기
2. 이끌어내고 싶은 반응 또는 결과를 도출하기

첫 번째 '정리'는 지금까지 글의 내용을 한 번 더 정리 및 언급함으로써 사람들이 글의 내용이 더 오래 기억에 남도록 만든다. 두 번째 '이끌어내고자 하는 반응을 도출'하는 건 글을 통해 사람들의 행동 변화를 유발하는 것이다. 실질적인 본문 작성의 목적을 달성하는 것이라 할 수 있다. 앞에서 이야기한 의견을 새롭게 표현하여 다시 한 번 강조하고, 주장한 의견대로 하지 않을 수 없게끔 의견에 대한 구체적인 방법을 제안하자. 실용서는 사람들의 변화를 유도하는 글이다. 앞에서 잘 이끌어 온 논리를 근거로 결론 부분에서 원하는 결과를 도출해보도록 하자.

4

프리라이팅, 무작정 쓰면 된다

좋지 않은 글은 언제라도 수정할 수 있다.
하지만 아무것도 쓰이지 않는 글은 수정조차도 할 수 없다.

| 마법 같은 프리라이팅의 위력 |

책을 쓰기 시작한 사람들이 가장 먼저 맞닥뜨리는 어려움은 바로 무엇을 어떻게 써야 할지에 관한 막막함일 것이다. 이런 사람들에게 일단 그냥 생각나는 대로 쓰는 것을 권한다. 즉 '프리라이팅Free Wrting'을 실천하는 것이다. 프리라이팅이란 문법이나 형식에 구애받지 않고 말 그대로 자유롭게 손이 가는대로 글을 쓰는 기법을 말한다. 프리라이팅의 개념을 처음 도입한 사람은 피터 엘보Peter Elbow다. 그는 **"멈추지 말고 자신의 생각을 쭉**

써 내려가라. 철자나 맞춤법 같은 데 신경을 쓸 필요도 없고, 내용에 관해 심각하게 고민할 필요도 없다"*라고 말했다. 나 역시 항상 이러한 방식으로 글을 쓰고 있다. 이렇게 글을 쓰다 보면 순간 순간 '이렇게 써도 괜찮을까?'라는 생각이 들지만, 괜찮다. 책쓰기를 처음 시작하는 사람에게 가장 필요한 건 우선 초고를 완성하는 것이기 때문이다.

글은 수정하면서 좋아지기 마련이다. 헤밍웨이와 같은 세계적인 작가들조차 초고를 두고 걸레와 같다고 말했다. 처음 보기에 걸레 같은 초고도 퇴고의 과정을 거쳐 보석 같은 원고가 되는 법이다. 처음 글을 쓸 때부터 너무 많은 것을 고민할 필요는 없다. 책을 쓰기로 마음먹었다면 일단 노트북부터 켜라. 그리고 한글 또는 워드 파일을 켜라. 키보드에 손을 올리고 그냥 머릿속에 떠오르는 대로 자판을 두드려라. 그렇게 화면의 한 줄 한 줄을 채워나가다 보면 어느새 A4용지 한 장의 분량이 차는 것을 경험할 수 있을 것이다. 지금 적고 있는 이 글 역시 생각나는 대로 적고 있지만 어느새 A4용지 한 장을 채우고 있다. 프리라이팅이란 초보 작가들에게는 마법과도 같은 글쓰기 기법이다. '이런 글도 과연 괜찮을까?'라는 생각이 든다면 그 생각을 고이

---

* 김욱, 『내 글도 책이 될까요?』, 모아북스(2021), p93

접어 쓰레기통에 던져라. 그런 글도 괜찮다. 지금도 수많은 작가들이 그런 글들을 수정하고 또 수정해 책을 출간하고 있기 때문이다.

그렇다면 프리라이팅을 실천할 때 유의사항에는 무엇이 있을까?

첫째, 생각을 멈추지 않는다.

프리라이팅의 핵심은 글을 쓸 때 생각을 멈추지 않는 것이다. 프리라이팅은 자유롭게 글을 쓰는 것을 의미하지만, 생각 없이 글을 쓰는 것을 뜻하지는 않는다. 프리라이팅을 실천할 때는 계속해서 의식을 유지하지는 것이 중요하다. 글을 쓰면서 생각하고, 떠오른 생각을 글로 표현한다.

둘째, 글을 고치지 않는다.

프리라이팅은 의식의 흐름대로 한 번에 글쓰기를 지향한다. 따라서 프리라이팅을 실천할 때는 주어와 서술어의 호응, 문맥의 논리, 맞춤법 등을 고려하지 않는다. 글을 수정하다 보면 자연스러운 글쓰기의 흐름이 끊기기 마련이다. 오직 쓰기에만 집중하는 것이 프리라이팅의 효과를 높이는 방법이다.

셋째, 최소 30분 이상 글을 쓴다.

프리라이팅은 생각나는 대로 글을 쓰는 기법이다. 이때 생각이 나지 않는다고 해서 글 쓰는 것을 포기해서는 안 된다. 글을 쓰기 전에는 생각이 나지 않더라도 막상 글쓰기를 시작하면 글이 써지는 경우가 많다. 글이란 쓰다 보면 생각이 나는 법이다. 오죽하면 독일의 철학자 칸트가 '손은 대뇌의 파견기관'이라고 표현했겠는가. 따라서 프리라이팅을 실천할 때는 최소 30분 이상 글을 쓴다는 마음으로 글쓰기에 집중하자.

글을 쓸 때는 주저함이 있어서는 안 된다. 쉽게 쓴 글은 쉽게 읽힌다. 글을 어렵게 써야만 잘 쓰는 것이라고 착각하는 사람들이 있는데, 그런 사람들의 글은 어렵기만 하고 결코 독자들에게 와닿지 않는다. 우리가 쓰는 글은 학술지에 실리는 논문과 같은 글이 아니다. 많은 사람에게 읽히는 대중서, 즉 실용서를 위한 글이다. 실용서는 쉽게 쓰인 책이어야 한다. 중학생도 이해할 수 있는 수준으로 책을 쓸 때 그 책은 많은 대중에게 사랑받는 책이 될 수 있다. 주저하지 말자. 용기를 갖고 책을 써라. 당신의 글은 책으로 탄생되기에 충분히 가치 있다.

5

우리가 선택과 집중을 해야 하는 이유

당신이 하고 있는 일에 온 정신을 집중하라.
햇빛은 한 초점에 모아질 때만 불꽃을 내는 법이다.
알렉산더 그레이엄 벨

| 집중하지 않고 책을 쓴다는 건 불가능하다 |

책을 쓸 때는 마음이 한곳에 집중되어야만 한다. 책은 집중해서 써야 한다. 책을 쓸 때 최소 1시간에서 1시간 반은 책쓰기에만 집중하려고 노력한다. 책을 쓸 때는 스마트폰도 무음으로 바꿔 놓아 집중력이 몇 분 혹은 몇 십분 단위로 쪼개지는 것을 방지한다. 우리의 뇌는 멀티태스킹이 되지 않는다. 우리는 멀티태스킹을 하고 있다고 느끼더라도 사실 뇌에서는 서로 다른 행동들이 서로의 몰입을 방해하고 있다. 따라서 어떤 행동을 할 때는 하나의 행동에만 집중하는 것이 효율적이라고 할 수 있다. 책을 쓸 때 역시 마찬가지다. 책을 쓰고 싶다면 정신이 산만해지는 것을 막아야만 한다. 그래야 책을 완성할 수 있다. 책을 쓰는 환경 역시 중요하다. 책을 쓸 때는 최대한 책쓰기에만 집중할 수 있는 환경이 좋다. 그래서 사람이 많은 카페보다 집이나 도서관에서 책을 쓰는 것을 더 선호한다. 물론 새로운 영감을 얻기 위해 일부러 장소를 바꿔 카페에서 책을 쓰기도 한다.

책을 쓸 때의 핵심은 완전한 몰입이다. 당신은 책쓰기를 방해하는 요소들을 찾아 의도적으로 배제해야 한다. 책을 쓸 때는 삶의 패턴 역시 단순해지는 것이 좋다. 예를 들어, 아침에 일어나면 간단히 씻고 커피 한 잔과 함께 그날의 책쓰기를 마치는 것이다. 또는 퇴근 후 저녁을 먹고 나서 자리에 앉아 책쓰기를 할 수도 있다. 자기 전 1시간 혹은 2시간 동안 책을 써보는 것도 좋다. 책을 쓸 때는 가급적 사람들과의 만남을 자제하는 것이 좋다. 사람들과의 만남은 책쓰기에 집중하는 것을 방해할 수 있기 때문이다. 특히 예기치 않은 만남은 책쓰기가 중심이 되는 삶의 패턴을 무너뜨린다. 나 역시 책을 쓸 때는 최대한 사람들과의 만남을 피하려고 한다. 사람을 만나는 걸 좋아하는 성격이라 때론 외롭고 힘들기도 하지만 그만큼 책쓰기에만 집중하려 노력하고 있다. 또한 책은 단기간에 집중해서 끝내는 것이기 때문에, 책이 완성된 후 못 본 것만큼 사람들을 만나면 된다. 인기 드라마를 다수 기획해낸 김수현 작가는 다음과 같이 말한 바 있다.

> **"나는 작업이 끝나고 난 후 여유 시간은 대부분 집에서 책을 읽으며 보낸다. 체질적으로 사람들과 어울려 수다 떨고 노는 것을 즐기지 않는다. 굳이 드라마의 소재를 구하고 인간을 탐색하기 위해 사람들과 어울릴 필요는 없다. 나는 공동 집필로 드라마를 쓰는 일도 이해 못하는 사람이다. 드라마는 혼자 하는 작업이고 드라마 작가는 혼자라는 사실을 담담하고 편하게 받아들여야 한다."**

작가는 고독한 시간을 즐길 수 있어야 한다. 당신은 고독한 시간을 담담히 받아들일 준비가 되었는가? 미국의 작가 펄 벅Pearl Buck은 **"일을 즐길 수 있는 비결은 잘하는 것이고, 일을 잘하고 싶으면 즐겨라!"***라고 말했다. 책쓰기를 잘하는 비결 중 하나는 책쓰기에 필요한 고독을 즐길 줄 아는 것이다.

---

* 도러시아 브랜디, 『작가 수업』, 공존(2018), p75

6

책쓰기가 쉬워지는 세 가지 방법

제대로 쓰려 말고, 무조건 써라.
제임스 서버

| 매일 1시간 책쓰기로 의식적인 연습하기 |

글은 써야만 그 실력이 는다. 글을 잘 쓰는 유일한 비결은 일단 쓰는 것이다. 사실 당신도 이미 알고 있을 것이다. 세계적인 베스트셀러 작가들이 공통으로 이야기하는, 글을 잘 쓰는 비결 역시 이와 크게 다르지 않다. 그들이 한목소리로 이야기하는 비결은 '매일 정해진 시간에 규칙적으로 글을 쓰는 것'이다. 전 세계 글쓰기 붐을 일으킨 소설가 나탈리 골드버그는 『뼛속까지 내려가서 써라』에서 **"일단, 무조건, 닥치고, 써라"*** 라고 말했다.

일본 메이지대 문학부 교수 사이토 다카시 역시 비슷한 이야기를 했다. 그는 『원고지 10장을 쓰는 힘』에서 **"질보다는 양"****이 문장력 향상의 지름길이라고 말했다. 수단과 방법을 가리지 않고 원고지 열 장을 쓰는 생활습관을 기르라는 것이다. 원고지 10장이면 글자 수 2,000자의 분량이다. 매일 2,000자의 글을 적는 습관을 들이자. 매일 이렇게 글을 쓰는 습관을 들인다면 좋은 글을 쓰는 것은 장담하지 못해도, 적어도 많은 사람이 호소하는 글쓰기에 관한 두려움은 사라질 것이다. 글을 쓸 수 있는 곳은 너무나 많다. 블로그, 카페, 인스타그램, 페이스북, 브런치 등 어디든 괜찮다. 어디든 당신의 글을 쓸 수 있는 곳이라면, 글쓰기를 시작하라. 자신이 말하려는 내용을 완벽하게 써야 한다는 부담은 버려라. 100페이지의 책을 완성하겠다는 목표가 아닌, '매일 1시간 책쓰기'라는 시스템을 만들어라. 그리고 그 시스템 속에 당신을 집어넣어라.

---

* 나탈리 골드버그, 『뼛속까지 내려가서 써라』, 권진욱 옮김, 한문화(2018)

** 사이토 다카시, 『원고지 10장을 쓰는 힘』, 루비박스(2005)

| 내 글의 피드백을 받을 수 있는 글쓰기 모임 참석하기 |

흔히 '글 쓰는 사람' 하면 골방에 틀어박혀 홀로 외롭게 글을 쓰는 사람이 떠오르듯, 글을 쓴다는 건 외로운 행위다. 따라서 외롭지 않게 글을 쓰기 위한 대안이 필요하다. 강원국 교수는 **"글쓰기가 두려운 또 하나의 이유는 외로워서이다. 글쓰기는 고독한 작업이어서 글동무가 꼭 필요하다"***라고 말했다. 글쓰기를 타고난 몇몇 소수를 제외하고는 다른 사람들의 피드백이 글쓰기 실력을 향상하는 데 큰 도움이 된다. 즉, 그러한 피드백을 받을 수 있는 글쓰기 모임에 참석하는 것은 두려움을 해소하는 것 외에도 많은 도움이 될 수 있다.

하버드 대학교에서 글쓰기를 가르치는 낸시 소머스 교수는 "학생들끼리 서로 글을 읽고 첨삭해주는 '동료 평가peer edit'가 글쓰기 실력 향상에 매우 중요하다"라고 말했다.** 다른 사람의 글을 읽어보고, 자기 글에 대한 평가를 받아볼 때 비로소 내 글의 단점이 무엇이고, 어떻게 개선해야 할지를 깨닫게 된다. 전문적인 피드백이 아니어도 좋다. 내가 쓴 글에 대한 다른 사람들의 의견을 듣는 것만으로도 당신은 큰 유익을 얻을 수 있다.

---

* 강원국, 『나는 말하듯이 쓴다』, 위즈덤하우스(2020)

** 송숙희, 『돈이 되는 글쓰기의 모든 것』, 책밥(2020)

글을 쓸 때 자신만의 생각에 빠져 놓친 것들을 발견하게 되고, 그로 인해 글을 고쳐 쓸 수 있게 된다. 사람들의 부정적인 피드백이 걱정되는가? 당신은 아마 다음과 같은 피드백을 받게 될지도 모른다. "무슨 뜻인지 모르겠다.", "그래서 어떻게 하라는 거냐.", "글의 앞뒤 내용이 다르다.", "내용이 어렵다." 하지만 위와 같은 피드백은 모두 당신의 글쓰기 실력 향상을 위한 좋은 재료가 된다. 당신은 피드백을 통해 당신이 의도한 핵심이 전달되지 못했다는 것을 알게 되고, 원하는 반응을 끌어내기 미흡했다는 점을 깨달을 것이다. 이러한 과정을 거치다 보면, 어느새 글을 쓰기 전 독자들을 먼저 떠올리는 습관을 지니게 될 것이다. 글쓰기 실력 향상에 있어 이보다 더 직접적이고 효과적인 방법이 어디 있겠는가? 또한 어떤 습관을 들이든 그 습관이 당연시된 환경에 들어가는 것보다 더 효과적인 방법은 없다. 글쓰기가 당연하게 여겨지는 글쓰기 모임을 찾아라. 그리고 그곳에서 자유로운 피드백을 받으며 성장하라.

| 1주 1독서, 1년 52독서 실천하기 |

좋은 글을 쓰기 위해서는 좋은 글을 많이 읽어야 한다. 흔히 글쓰기 비법으로 '삼다三多 원칙'을 이야기한다. 다독多讀, 다작多作, 다상량多商量. 즉, 많이 읽고, 많이 쓰고, 많이 생각하라는 것이다. 결국, 글이라는 건 내가 가지고 있는 세상에 대한 이해의 범주를 벗어나지 못한다. 아는 만큼 쓸 수 있고, 내가 이해하는 수준만큼의 글을 쓰게 된다. 세계적인 읽기 전문가 스티븐 크라센 교수는 글을 잘 쓰는 유일한 비결이 '읽기'임을 밝힌다. 읽기와 쓰기는 명백히 다른 행위다. 하지만 그 내용만큼은 긴밀히 연결되어 있다. '읽기'라는 자양분은 '쓰기'라는 잎을 틔우게 한다.

좋은 글을 쓰기 위해 좋은 독자가 되어야 하는 이유는 내가 내 글의 첫 독자이기 때문이다. 우리는 글을 쓰며 내가 쓴 글을 계속 읽고 지우고 쓰기를 반복한다. 즉, '쓰기'는 '읽고 쓰기'와 다름없다. 독서는 어떻게 글을 써야 하는지 모범을 보여준다. 책을 읽다 보면 다양한 어휘와 문장에 익숙해지고, 어떤 글이 좋은 글인지 분간할 수 있게 된다. 또한 잘 쓰기 위해서는 잘 생각해야 하는데, 독서는 생각 근육을 키우는 데 큰 도움이 된다.

톨스토이Lev Nikolayevich Tolstoy는 『어떻게 살 것인가』에서 지혜를 얻는 세 가지 방법으로 '명상', '모방', '경험'을 말한다. 이 세 가지는 모두 독서를 통해 얻을 수 있다. 독서는 명상하게 한다. 그리고 남의 생각을 읽는 독서는 저자의 생각을 모방하는 행위다.

마지막으로, 독서는 다양한 간접경험을 돕는다. 독자를 설득

시키는 글을 쓰기 위해서는 다양한 정보자료가 필수다. 그리고 이러한 정보자료는 관련 책을 통해 입수할 수 있다. 넓고 탄탄한 지식 기반은 이를 활용해 독자들에게 잘 읽히는 글을 쓰게 돕는다. 지식 기반을 갖추는 데는 독서만 한 것이 없다. 잘 쓰려면 잘 읽어야 한다는 명제를 부인할 수 있는 사람이 과연 있을까. 좋은 글을 많이 읽은 사람이 좋은 글을 쓰게 되는 건 당연한 일이다. 따라서 일주일에 최소 1~2권의 책을 읽기 위해 부단히 노력한다. 일주일에 1권의 책을 읽으면, 1년이면 52권을 읽을 수 있다. 대한민국 성인의 연평균 독서량이 4.5권밖에 되지 않는 것을 고려하면, 상당히 고무적인 독서량이라 할 수 있다. 당신의 글쓰기 실력은 그간 당신이 읽었던 글의 산물이다. 지금부터라도 좋은 글을 많이 읽자. 당신의 글이 더 풍부해지는 것을 경험하게 될 것이다.

7

책쓰기를 위한 최소한의 글쓰기 팁

말하는 것처럼 써라.

볼테르

| 사람들은 믿을 수 없는 글은 읽지 않는다 |

당신이 글을 쓰기 전 반드시 기억해야 할 사실이 있다. 그건 바로, 사람들은 신뢰할 수 없는 글에 가치를 부여하지 않는다는 것이다. 즉, 사람들은 신뢰할 수 없는 글은 읽지 않는다. 세상에는 이미 글들이 넘쳐난다. 그 많은 글 중 당신의 글을 읽으려면 그 글이 신뢰할 만한 글이어야만 한다. 특히 당신이 작성하는 책이 '실용서'라면 이러한 특징이 더욱 두드러진다. 실용서는 '정보 전달'이 목적인 글이다. 사람들은 제대로 된 정보, 즉 믿을 만한 정보를 원한다. 사람들은 글을 읽으며 이 글이 신뢰할 만한 내용과 출처를 바탕으로 하는지를 끊임없이 확인한다. 그러다 믿을 만한 글이 아니다 싶으면 즉시 그 글을 이탈한다. 그렇다면 내 글에 신뢰를 부여하는 방법에는 무엇이 있을까?

첫째, 나의 실제 경험을 예시로 들어라.

예시는 글의 이해를 돕는 것은 물론, 글의 신뢰도를 부여한다. 특히 그 예시가 글의 내용을 뒷받침할 만한 글쓴이 본인의 이야기라면 말이다. 이와 관련된 예로 나는 사람들에게 "책쓰기는 8주 만에 끝낼 수 있다"라고 말하고 다닌다. 그리고 그 근거로 블로그에 8주 만에 책 1권을 완성하겠다는 글을 올린 뒤, 실제로 8주 만에 초고를 완성한 경험을 활용한다. '어떻게 책쓰기를 8주 만에 끝낼 수가 있어?'라고 생각했던 사람들도 나의 이러한 경험 앞에서 생각을 바꾼다. 나의 경험이 담긴 예시를 드는 것은 이렇게 힘이 있다.

둘째, '인용'을 적극 활용하라.

예시로 들 만한 경험이 없는가? 괜찮다. 당신에게는 '직접 인용'과 '간접 인용'이라는 최고의 도구가 있기 때문이다. 글을 쓸 때 인용을 적극적으로 활용한다. 그리고 그 인용의 주된 출처는 바로 '책'이다. 1년에 60권 이상의 책을 읽는다. 그리고 이렇게 읽는 책들은 글을 쓰는 데 큰 도움이 된다. 책에는 '누가 이렇게 말했다', '누가 이러한 경험을 했다'와 같이 인용과 재인용이 넘쳐난다. 우리는 글을 쓸 때 나의 경험 대신 타인의 경험과 말을 근거로 글의 신뢰도를 높일 수 있다.

셋째, 통계를 활용하라.

흔히 뉴스 기사에서 자주 활용되는 통계는 글의 신뢰성을 높이기 위한 효과적인 도구다. 가령 '대한민국 성인들은 책을 읽지 않는다'라는 문장보다는, '문화체육관광부의 2021년 국민 독서실태 조사에 따르면 우리나라 성인의 연평균 독서량은 4.5권이다'라는 문장이 더 높은 신뢰도를 준다.

| 이성이 아닌 감정을 고려하는 글을 써라 |

인간이 얼마나 감정에 큰 영향을 받는지를 알게 된다면, 당신은 아마 놀랄 것이다. 세계적인 뇌과학자 한스-게오르크 호이젤Hans-Georg Hausel은 『뇌, 욕망의 비밀을 풀다』에서 인간은 이성적 동물이라는 환상을 깨부순다. 그는 다수의 연구를 통해 "고

객이 하는 모든 중요한 결정은 감정적이며, 감정적인 요소가 없는 결정은 뇌에서 아무런 의미가 없다"* 라는 것을 밝혀낸다. 이처럼 인간은 생각 이상으로 감정의 지배를 많이 받는다는 것이 현 신경심리학계의 정설이다. 따라서 당신이 쓰는 글 역시 사람들의 감정을 자극할 수 있는 글이어야 한다.

일기 쓰기와 책쓰기의 차이는 뭘까? 일기는 그냥 읽고 그만인 글이지만, 책은 읽고 난 후 행동의 변화를 촉구하는 글이라는 점이다. 예를 들어 글쓰기 책의 경우, 사람들이 책을 읽고 난 후 직접 글을 써볼 수 있어야 한다. 이처럼 사람들의 반응을 유발하기 위해서라도 감정을 고려하는 글을 써야 한다. 그렇다면 감정을 고려하는 글을 쓰기 위해서는 어떻게 해야 할까? 감정을 고려하는 글을 쓸 때는 다음 세 가지를 기억하는 것이 좋다.

PET

Problem (문제제기)

Empathize (공감)

Call To Action (행동유발)

---

* 한스-게오르크 호이젤, 『뇌, 욕망의 비밀을 풀다』, 비즈니스북스(2019)

1) P는 Problem, 문제 제기를 의미한다.

사람들의 관심사는 항상 자기 자신에게 있다. 사람들은 언제나 자신의 문제를 개선해 더 나은 삶을 살기를 꿈꾼다. 사람들의 감정을 자극하기 좋은 방법은 그들의 문제를 부각하는 것이다. 그들이 가지고는 있지만 인지하지 못하고 있던 부분을 건드리면, 그들은 그 문제로 인해 당신의 글에 집중하지 않을 수 없다.

예를 들어, "책쓰기를 통한 1인 창업이 답이다"라는 논지의 글을 쓰고 싶을 때, 코로나19로 인해 많은 사람이 겪고 있는 미래 불안과 일자리 문제를 언급하는 것이 이에 해당한다. 사람들의 문제를 수면 위로 불러일으키는 것만으로, 사람들은 당신의 글에 집중할 이유를 얻게 된다.

2) E는 Empathize, 공감을 의미한다.

사람들은 항상 자기 자신에게 공감해 줄 사람을 찾는다. 첫 번째 단계에서 문제를 인식시켰다면, 내가 그 문제에 공감하고 있으며 함께 해결책을 찾길 원한다는 것을 전달하자. 이 과정만으로 당신의 글을 읽는 사람은 글을 매개로 당신과 끈끈한 유대를 형성하게 될지도 모른다. 강원국 작가는 『나는 말하듯이 쓴다』에서 **"쓰기는 대상에 공감하는 과정이며, 공감 능력이 부족**

한 작가는 벽에 대고 말하는 것처럼 쓴다"라고 말한 바 있다. 글쓰기는 독자와의 소통이며, 소통의 기본은 공감이다. 상대의 관점에서 생각하고 그 처지를 이해하지 않는 글은 좋은 글이 되기 어렵다.

3) T는 Call To Action, 행동 유발을 뜻한다.

Call To Action이란 마케팅 용어로 사람들의 행동 변화 혹은 반응을 유발하는 요소이다. 문제를 제기하고 그 문제를 공감했다면, 그 문제를 해결하기 위한 행동의 변화를 유도하자. PET는 '감정'이란 하나의 줄 위에서 독자들이 당신의 글에 몰입하게 하는 강력한 장치로 작용할 것이다.

| 쉬운 글은 언제나 먹힌다 |

사람들이 좋아하는 글을 쓰고 싶다면 자기 자신을 돌이켜보면 된다. 전하고자 하는 메시지를 알 수 없고 복잡하게 쓴 글과, 글을 통해 전하고자 하는 메시지가 분명해 누구나 쉽게 이해할 수 있는 글 중 어느 글이 더 좋은가? 단언컨대 후자를 선호할 것이다. 당신이 쓰는 글 역시 후자에 가까운 글이어야 한다.

『유혹하는 글쓰기』를 쓴 스티븐 킹은 **"문장을 꾸미는 것은 쓸데없는 짓이며, 낱말을 화려하게 치장하려고 하는 태도는 글쓰기의 심각한 잘못"***이라고 말했다. 공자는 『논어』 〈위령공편〉에서 **"말이나 글은 뜻을 전달하면 그만"**이라고 말했다. 사르트르Jean Paul Sartre 역시 『구토』에서 **"문장은 꾸밀 필요가 없다. 문학을 경계할 것, 펜 가는 대로 써야 한다"**라고 말했다. 조선 후기 문장가 연암 박지원은 〈공작관문고 자서〉에서 **"문이사의文以寫意"**라고 말했다. 해석하면, 글이란 뜻을 나타내면 그만일 뿐이라는 뜻이다.

이처럼 문장가들은 글을 쓸 때 가장 중요한 건 의미 전달이며, 글은 쉽게 써야 한다고 입을 모아 말한다. 하지만 여전히 많은 사람이 멋지고 똑똑해 보이는 글을 쓰려 노력한다. 즉, 있어 보이게 쓰고 싶어 한다. 글의 본질은 의사소통이다. 글은 의사소통을 위한 도구다. 대화할 때 꼭 있어 보이게 말할 필요가 있던가? 물론, 있어 보이게 쓰면서도 내용이 잘 전달되게 쓰는 사람은 일부 존재한다. 어려운 단어와 문장을 구사하면서도 말이다. 하지만 그런 사람은 정말 글을 잘 쓰는, 타고난 사람이다. 당신이 그러한 사람이 꼭 될 필요는 없다. 왜일까? 당신이 쓰는 책의 독자는 일반 대중이기 때문이다.

---

* 스티븐 킹, 『유혹하는 글쓰기』, 김영사(2017)

글을 쓸 땐 독자의 눈높이에 맞는 글을 쓰는 것이 중요하다. 나도 글을 쓸 때 멋진 글을 쓰고 싶은 욕심이 들곤 한다. 하지만 욕심을 최대한 빨리 비우기 위해 노력하는데, 그 이유는 욕심이 글을 쓰는 데 방해가 되기 때문이다. 좋은 글을 써야겠다고 힘을 주고 쓰는데 글의 진도가 나가지 않았던 경험이 다들 있을 거라 생각한다. 항상 쉽게 글을 쓰려 노력하자. 술술 쓸 때 술술 읽히는 글이 나온다. 쉬운 글을 쓰기 위해서는 '자기검열'을 피해야 한다. 글을 쓰면서 '이렇게 써도 괜찮을까'와 같은 생각을 하는 것은 도움이 되지 않는다. 자기검열의 시간을 너무 많이 가지면, 글의 진도가 나가지 않는다. 진도가 나가지 않으니 글을 쓰는 재미도 없다. 일단 쓰고, 퇴고 과정에서 손을 보자.

| 하나의 글에서는 하나의 메시지만 전달하라 |

사람들에게 읽히는 글을 쓰고 싶다면, 글을 쓰기 전 글에 담고자 하는 메시지를 명료화하라. 사람들이 당신의 글을 읽고, 이 글에서 전하고자 하는 핵심 메시지가 무엇인지 파악할 수 있어야 한다. '다다익선多多益善'이라는 말은 글쓰기에 적용되지 않는다. 이것저것 많은 메시지를 글에 담으려 하다 보면, 결국 하나의 메시지도 제대로 전달하지 못한다.

『스틱!』의 저자 칩&댄 히스Chip&Dan Heath는 **"메시지는 반드시 간결해야 한다. 인간이 한 번에 배우고 기억할 수 있는 정보의 양에는 한계가 있기 때문이다"***라고 말했다. 우리는 흔히 많은 정보를 담고 있을수록 좋은 글이라고 착각하기 쉽다. 그래서 어떤 글을 적을 때 내가 아는 모든 정보를 다 적으려 노력하곤 한다. 하지만 이러한 글은 결코 좋은 글이라 할 수 없다. 너무 많은 선택지가 사람들에게 혼란을 주듯, 너무 많은 정보는 인지 과부하를 일으키게 한다. 인지 과부하에 걸린 독자들은 글을 읽고자 하는 마음이 급격히 감소할 것이다.

그렇다면 글을 통해 여러 가지의 메시지를 전달하고 싶을 때는 어떻게 해야 할까? 이때 필요한 것이 바로 '구조화'다. 글을 제대로 구조화할 수만 있다면 하나의 글에 여러 가지 메시지를 담는 것 역시 가능하다. 단, 여기서 말하는 여러 가지 메시지를 포괄하는 하나의 핵심 메시지는 있어야 한다. 그 메시지를 기준으로 여러 갈래의 세부 메시지가 가지치기 형식으로 나뉘는 그림을 생각하면 된다. 하나의 글에 하나의 메시지만 있어야 하는 이유는 사람들이 복잡한 것을 극도로 싫어하기 때문이다. 사람

* 칩&댄 히스, 『스틱!』, 엘도라도(2009)

들은 단순한 것을 좋아한다. 당신의 글을 읽는 사람들에게, 그 글을 읽음으로써 얻을 수 있는 것을 한눈에 보여주자.

| 글이지만 그림이 그려지게 써라 |

글을 쓸 때는 머릿속에 그림이 그려지게 쓰는 것이 좋다. 사람들은 어떤 글이 머릿속에 그려질 때 그 글의 내용이 기억에 오래 남는다고 한다. 단기 기억에서 장기 기억으로 넘어가는 것이다. 글을 쓸 때는 독자들이 글을 통해 얻을 수 있는 것이 머릿속에 그려지게 하는 것이 필요하다.

미국의 유명 마케팅 컨설턴트 엠마 호일러는 **"스테이크를 팔지 말고 시즐(지글지글 소리)을 팔아라"**라는 명언을 남겼다. 글을 쓸 때도 마찬가지다. 사람들이 글을 통해 변화한 자신의 모습을 상상할 수 있어야 한다. 당신의 글에 독자들이 자신을 대입하게 만드는 글을 써라. 이는 독자들이 꿈을 꾸게 하는 글을 적는 것과 같다. '퓰리처상'의 기원이자 현대 저널리즘의 전형을 만들었다고 평가받는 조지프 퓰리처Joseph Pulitzer는 말했다.

"무엇을 쓰든 짧게 써라. 그러면 읽힐 것이다. 명료하게 써라. 그

러면 이해될 것이다. 그림같이 써라. 그러면 기억 속에 머물 것이다."*

짧고, 명료하고, 그림같이 글을 써야 하는 이유다.

---

* 송숙희, 『돈이 되는 글쓰기』, 21세기북스(2005), p185

제3부

팔리는 책을 출간하는 방법

5장

책쓰기는 연결이다

1

출판사의 마음을 0.3초 만에 사로잡는 출간기획서 작성법

**출간기획서 작성의 핵심은 우선 눈에 띄어야 한다는 것이다.
저자 프로필에서든, 기획 의도에서든
다른 출간기획서와의 차별성이 드러나야 한다.**

| 출간기획서 작성 노하우 |

출판사에 정식으로 투고해 책을 출간하고 싶은 사람이라면 원고와 함께 반드시 작성해야 하는 것이 있다. 그것은 바로 '출간기획서'다. 일반적으로 원고와 함께 투고 자료로 활용된다. 출간기획서는 출판사에게 보내는 투자 제안서와 같다. 당신의 원고가 어떠한 점에서 투자를 받기에 적합한지를 효과적으로 전달할 수 있어야 한다.

그렇다면 출간기획서는 언제 작성하는 것이 좋을까? 출간기획서는 책의 기획 단계에서 작성하는 것이 좋다. 출간기획서를 작성하면 책의 기획이 뚜렷해지는 장점이 있다. 또한 내 책이 정말 출간될 수 있겠다는 자신감이 생긴다. 출간기획서는 마치 집을 어떠한 방향으로 설계하겠다는 건축 설계도와 같다. 출간기획서 없이 책을 집필하는 것은 건물 설계도 없이 집을 짓는 것과 같다고 말할 수 있다. 이러한 상태로는 내가 제대로 책을 집필하고 있는 것인지 의심이 들 수밖에 없다. 원고가 완성되기 전에 출간기획서를 먼저 작성해야 하는 이유라 할 수 있다.

그렇다면 출간기획서에 들어가야 하는 항목에는 어떠한 것이 있을까?

| 출간기획서에 들어가야 하는 10가지 항목 |

1. 저자 프로필

출간기획서를 받은 출판사는 원고를 투고한 저자가 어떠한 삶을 살아왔고, 어떤 분야의 경험을 가지고 있는지 궁금해한다. 또한 투고된 원고와 관련된 저자의 전문성 여부를 파악하길 원한다. 따라서 저자 프로필을 작성할 때는 진솔하게 작성하되 책의 주제와 관련된 내용 위주로 작성하는 것이 좋다. 가령 전공은 무엇이고, 어떠한 일을 하고 있는지 등을 책의 주제와 관련하여 적어주는 것이다. 만약 운영 중인 SNS가 있다면 SNS 링크를 적는 것도 저자에 관한 정보를 알릴 수 있는 좋은 방법이 된다. 운영 중인 SNS가 투고한 원고의 주제와 관련이 있다면 금상첨화다.

2. 제목(부제)

제목의 경우, 저자가 잡은 제목이 그대로 출간되는 경우는 드물다고 봐야 한다. 대부분 출판사에서 제시한 제목으로 출간되는 경우가 흔하다. 그럼에도 불구하고 책의 내용을 잘 표현하면서도 독자들의 시선을 끌어당길 만한 제목을 정해보는 것은 매우 중요하다. 누가 봐도 특징이 없는 제목은 출판사 편집자들이 원고를 읽기도 전에 흥미가 떨어지게 만들 수 있다. 실제로 매력적인 제목에 이끌려 투고한 기획서와 원고를 읽어보게 되는 일이 출판사에서는 종종 일어난다. 제목과 함께 써주면 좋은 것은 바로 부제다. 사실 부제는 없어도 큰 문제가 없다. 하지만 제목을 조금 더 보충해 줄 수 있는 내용이 있다면 적어주는 것이 좋다.

3. 목차

목차는 원고가 어떤 내용들로 구성되어 있는지를 한눈에 알 수 있게 해준다. 흔히 출판사 편집자들은 목차만 봐도 해당 원고의 수준을 파악할 수 있다고 말하곤 한다. 잘 정돈되어 있지 않은 목차는 원고를 읽어보고 싶은 마음조차 들지 않게 만든다. 따라서 출간기획서의 목차는 최대한 공을 들여 만드는 것이 필요하다.

4. 원고 요약

원고 요약 글은 원고를 끝까지 읽지 않더라도 어떤 내용이 담겨 있는지를 알 수 있도록 적는 항목이다. 완성된 원고 전체를 투고하더라도 바쁜 출판사 입장에서는 투고된 원고를 못 읽어보는 경우가 많다. 원고 요약 글을 작성할 때는 장제목 별로 어떤 내용이 담겨 있는지를 요약해서 적어주면 된다. 가령 1장에는 어떠한 내용이 적혀 있고, 2장에서 어떠한 내용이 포함되어 있는지를 적는 것이다.

5. 기획의도

저자가 어떤 배경에서 어떤 의도와 목적을 가지고 책을 기획하게 되었는지에 관한 항목이다. 독자들이 내 책을 왜 읽어야 하는지, 또한 이 원고가 왜 책으로 출간되어야 하는지를 적어주는 것이 좋다. 출판사의 입장에서는 '투고된 원고를 왜 책으로 출간해야 하나?'가 가장 중요한 사항이라고 할 수 있다. 한 원고당 최소 1천만 원 이상의 비용을 투자해야 하기 때문이다. 따라서 기획의도에는 이 원고가 어떤 이유로 시장성이 있고, 그로 인한 출간 기대 효과에는 무엇이 있는지가 잘 드러나야 한다.

6. 타깃 독자

타깃 독자는 내 책을 누구에게 판매할 것인가에 관한 대답이라 할 수 있다. 타깃 독자를 고를 때는 내 책이 해결해 줄 수 있는 문제를 정하고, 그 문제로 가장 고통받고 있는 사람이 누구인지를 생각해 보면 된다. 가령 지금 쓰고 있는 이 책이 해결해 줄 수 있는 문제는 '혼자 힘으로 책을 쓰는 것의 어려움'이다. 그리고 '책을 써서 퍼스널 브랜딩을 하고 싶지만 이를 어려워하는 강사'는 이 책의 타깃 독자에 해당한다. 처음 타깃 독자를 생각하면 막막하다는 생각이 가장 먼저 들 것이다. 하지만 막연하더라도 최대한 구체적으로 타깃 독자를 생각해보는 연습은 꼭 필요하다.

7. 경쟁 도서 분석 & 차별화 포인트

원고를 투고하게 되면, 출판사는 해당 분야의 경쟁 도서에는 무엇이 있는지를 궁금해하기 마련이다. 아무리 책을 만드는 출판사라고 해도 모든 분야의 책을 속속들이 알 수는 없기 때문이다. 경쟁 도서 항목을 작성할 때는 경쟁 도서에 관한 분석뿐만 아니라 내 책만의 차별화 포인트를 함께 적어주는 것이 좋다. 경쟁 도서와 내 책이 다르지 않다면, 출판사 입장에서는 굳이 위험을 감수하고 책을 출간할 이유가 없기 때문이다. 차별화 포인트를 찾을 때는 경쟁 도서의 부족한 부분에 초점을 두고 고민하는 것이 좋다. 가령 경쟁 도서의 내용이 너무 어렵게 쓰였다면, 내 책은 쉽게 쓰였다는 점에서 차별점을 찾을 수 있을 것이다.

8. 마케팅 전략

책의 홍보를 출판사에서만 하는 시대는 지났다. 출판사 단독으로 책을 홍보하고 마케팅하는 것은 한정적일 수밖에 없다는 게 현실이다. 따라서 많은 출판사가 출간기획서의 마케팅 전략 항목에 관심을 갖는다. 이제는 저자 본인이 SNS를 통해 스스로 열심히 책을 홍보할 수 있어야 한다. 책 출간 이후 어떤 방법으로 본인의 책을 홍보하고 마케팅할 것인지를 출판사에 제안할 수 있어야 한다. 블로그, 인스타그램, 유튜브 등 본인이 현재 운영하고 있는 SNS를 기반으로 어떻게 홍보할 수 있을지를 고민해보도록 하자.

9. 분야

모든 책은 출간 시 ISBN이라는 고유한 식별기호를 부여받는다. 그리고 이 부가기호는 바로 당신이 쓴 책의 분야를 나타낸다. 따라서 당신의 책은 인문 분야든 자기계발 분야든 분명한 하나의 분야에 속하게 될 것이다. 인문 분야면서 자기계발 분야의 책이 될 수는 없다는 말이다. 따라서 당신이 쓰고자 하는 책은 어떤 분야에 속하기를 희망하는지 적어주도록 하자.

10. 분량

내가 쓴 원고 분량이 어느 정도에 해당하는지를 적어주면 된다. 분량을 작성할 때 주의할 점은 책으로 출간되기 위한 최소한의 분량은 지키는 것이 필요하다는 것이다. 보통 A5 사이즈(148×210mm) 단행본의 분량은 250~300페이지에 해당한다. 이는 A4용지 80~100페이지에 달하는 분량이다. 얇은 에세이의 경우 200페이지 내외, 즉 A4용지 60페이지 정도의 분량으로도 출간이 가능하다. 참고하여 작성하도록 하자.

2

어떤 출판사에 원고를 투고할까?

똑같은 원고도 어떤 출판사와 편집자를 만나느냐에 따라
완전히 다른 책으로 출간될 수 있다.
따라서 어떤 출판사에서 책을 출간하느냐는 매우 중요하다.

| 출판사는 책의 운명을 좌우한다 |

원고를 완성했다면 이제 투고할 출판사를 정해야 한다. 출판사를 정할 때 참고할 만한 기준은 다음과 같다.

첫째, 당신의 원고를 강력하게 원하는 출판사를 선택하라.

사실 출판사 입장에서 강력히 원하는 원고를 기획하는 것은 쉬운 일은 아니다. 하지만 만약 당신의 원고가 여러 출판사의 러브콜을 받는 상황이 된다면, 가장 적극적인 자세로 당신에게 출간 의지를 표명하는 출판사를 정하는 것이 좋다. 베스트셀러는 그냥 만들어지지 않는다. 책 기획과 제작, 디자인, 홍보, 마케팅 등 모든 면에서 출판사의 역할이 매우 중요하다. 당신의 원고를 강력하게 원하는 출판사일수록 당신의 원고가 좋은 책으로 탄생되는 데 공을 많이 들일 확률이 높다. 따라서 당신의 책을 출간하고자 하는 의지를 가장 강력하게 표명하는 곳을 선택하도록 하자.

둘째, 해당 출판사에서 출간한 다른 책들의 퀄리티를 통해 판단하라.

한 권의 책은 다양한 요소들로 구성되어 있다. 크게 표지 디자인과 내지 디자인을 통해 해당 책의 퀄리티가 결정된다. 출판사 편집자와 디자이너의 능력이 가장 많이 드러나는 곳 역시 이 부분이다. 자신의 책이 출간되었을 때 어떤 모습이면 좋을지를 상상해본 후 그 모습과 가장 유사한 출판사를 정해보는 것이 좋다.

셋째, 홍보와 마케팅 능력이 뛰어난 출판사를 선택하라.

아무리 좋은 책이라 할지라도 사람들에게 많이 알려지지 않으면 해당 책은 2주에서 한 달이 지난 후 서점 매대에서 사라지게 된다. 그만큼 책이 출간된 후 출판사의 홍보와 마케팅은 책의 수명 연장에 큰 영향을 미친다. 일반적으로 중소형 출판사에 비해 대형 출판사가 홍보와 마케팅 역량이 더 뛰어난 편이다. 하지만 대형 출판사의 경우 유명 저자의 책을 홍보하고 마케팅하는 데만 초점을 맞출 수 있기 때문에 자신의 책을 잘 홍보하고 마케팅해 줄 수 있는 출판사를 결정하는 것이 좋다.

넷째, 저자의 의견을 잘 반영해 주는 출판사를 정하는 것이 좋다.

초보 저자들이 흔히 하는 실수는 원고를 투고한 후 그동안 해왔던 노력을 한순간에 그만두는 것이다. 원고를 완성해서 보냈으니 이제 출판사에서 모든 것을 해주길 바라는 마음인 것이다. 하지만 저자는 책이 출간되는 그 순간까지 항상 원고의 주인공이란 마음을 잃어서는 안 된다. 원고가 좋은 책으로 출간될 수 있도록 끊임없이 좋은 의견을 출판사에 제시할 수 있어야 한다. 그리고 이때 저자의 의견을 적극적인 자세로 수용해 줄 수 있는 출판사를 만나는 것이 좋다.

다섯째, 내 책의 주제와 잘 맞는 출판사를 선택하라.

출판사마다 자주 출간하는 책의 분야가 존재한다. 출판사를 정할 때는 내가 쓴 책의 주제와 같은 분야의 책을 자주 출간하는 곳을 정하는 것이 효과적이다. 예를 들어, 내가 쓴 책이 에세이에 속한다면 에세이 분야로 신간을 자주 내는 곳을 정하면 된다.

직장인의 처절한 삶과 애환을 담은 모습으로 큰 인기를 누린 드라마 〈미생〉에는 **"살면서 누구를 만나느냐에 따라 인생이 달라질 수 있어"**라는 명대사가 나온다. 당신의 책 역시 어떤 출판사를 만나느냐에 따라 책의 인생이 달라질 수 있음을 기억해야 한다.

출판사를 정하게 되면 예비 저자들은 다음과 같은 고민에 빠진다. '대형 출판사에 투고하는 것이 좋을까?', '중소형 출판사에 투고하는 것이 좋을까?' 사실 대다수의 예비 작가들은 대형 출판사를 통해 책을 출간하기를 바랄 것이다. 그도 그럴 것이 대형 출판사는 중소형 출판사에 비해 높은 자금력을 바탕으로 책에 대한 홍보와 마케팅을 지원할 수 있기 때문이다. 하지만 이러한 대형 출판사와 계약한다고 해서 모든 원고가 제대로 된 홍보와 마케팅 지원을 받을 수 있는 것은 아니다. 대개 대형 출판사는 유명 저자의 온라인 서점 노출 광고와 오프라인 서점 광고에 힘을 쓰는 경향이 있기 때문이다. 오히려 중소형 출판사와 계약 후 홍보와 마케팅의 집중을 받는 경우가 많이 존재한다.

중요한 것은 대형 출판사라고 해서 무조건 좋거나 중소형 출판사라고 해서 무조건 안 좋은 건 아니라는 점이다. 출판사를 정할 때는 내 책의 홍보와 마케팅을 꾸준히 실속 있게 할 수 있는 출판사를 정하는 것이 좋다. 또한 최근 내 책과 같은 주제의 책을 출간하거나 평소 해당 주제의 책을 꾸준히 출간하는 곳으로 정하는 것이 좋다. 단순하게 대형 출판사에서 출간하겠다는 목표를 정하기보다는 내 책을 출간하는 데 가장 도움이 되는 곳을 실속 있게 고르도록 하자. 또한 베스트셀러를 많이 출간해 낸 출판사라고 해서 내 책 역시 베스트셀러로 만들 수 있다는 보장은 없다. 따라서 베스트셀러를 많이 낸 출판사가 아니라 내 책을 제대로 출간해 줄 수 있는 출판사가 어느 곳인지를 찾는 데 힘써야 한다.

| 투고 시 지켜야 할 유의사항 |

출판사 투고 시에는 지켜야 할 몇 가지 유의 사항이 있다.

첫째, 여러 곳의 출판사에 원고를 투고할 경우 반드시 '개별 발송'을 하도록 하자.

물론 출판사는 예비 저자가 자신의 출판사 말고 다른 출판사들에도 투고한 사실을 알고 있다. 하지만 전체 발송을 통해 타 출판사의 이메일까지 굳이 노출할 필요는 없다. 이것은 출판사에 대한 예의 문제다. 당연히 출판사의 이름을 정확히 기재하는 것은 필수다. 그렇다면 출판사의 이메일은 어떻게 확보해야 할까?

1. 서점에 가서 내 책이 속한 분야 코너를 찾는다.
   예) 자기계발
2. 해당 분야 신간 매대와 서가에 비치된 책의 앞장 혹은 뒷장 판권면에 적힌 출판사의 이메일을 수집한다.

출판사의 이메일을 수집할 때는 나의 원고 컨셉과 결을 같이 하는 관련 분야 출판사를 중심으로 확보하는 것이 효과적이다. 예를 들어, '재테크'를 주제로 책을 출간하고 싶다면 '에세이' 도서를 출간하는 출판사가 아니라 '경제경영' 도서를 출간하는 출판사에 투고하는 것이 효과적이라는 말이다. 출판사에 원고를 보내면 반응은 크게 두 가지다. "검토 후 회신을 드리겠다"라는 답변 또는 "우리 출판사와는 출간 방향이 맞지 않아 죄송하다"

라는 답변이다. 검토 후 회신을 드리겠다는 답변을 받았다고 해서 마냥 좋아할 수만은 없다. 이렇게 메일을 보낸 후 회신을 보내지 않는 출판사들도 존재하기 때문이다. 대략 2주의 시간이 지났는데도 회신이 오지 않을 경우, 다른 출판사에 다시 원고를 투고하는 것을 권한다. 출판사 편집자들은 모두 안다. '이 원고라면 많은 출판사에서 출간하고 싶어 하겠다'라는 것을 말이다. 따라서 당신의 원고가 마음에 들었다면 검토에 큰 시간이 소요되지 않는 작은 출판사부터 순차적으로 연락이 올 것이다.

둘째, 출판사 투고 시에는 워드 파일보다는 한글 파일로 작성해서 보내는 것을 권한다.

이유는 대부분의 출판사가 워드가 아닌 한글 파일로 작업을 하기 때문이다. 워드나 다른 프로그램으로 작성해서 보내더라도 어차피 편집자가 한글로 변환해서 검토하게 된다. 그러니 굳이 편집자에게 그러한 노고를 시킬 이유는 없다.

셋째, 출판사 투고 시에는 원고의 일부가 아닌 전체 원고를 투고하도록 하자.

사실 투고 시 일부 원고를 투고하느냐, 전체 원고를 투고하느냐는 작가들마다 다른 주장을 하는 영역이다. 하지만 나는 책을 처음 투고하는 초보 작가는 전체 원고를 투고함으로써 내가 이만큼의 분량의 초고를 완성할 만한 역량이 있다는 것을 보여주는 것이 필요하다고 생각한다. 출판사의 입장에서는 기성 작가가 아닌 초보 작가가 과연 원고를 완성할 수 있을지 믿음이 약할 수 있기 때문이다. 나아가 원고 전체를 다 보내는 것이 출판사에 대한 예의라고 생각하는 것이 나의 입장이다. 실제로 전체 원고를 검토하는 것을 원칙으로 하고 있는 출판사들이 존재한다는 점을 고려한다면 가능한 전체 원고를 완성해 투고하는 것이 좋다. 이렇게 완성된 원고를 투고할 경우 출판사에서 해당 원고의 방향성을 완전히 이해할 수 있다는 장점이 있다. 또한 계약이 성사되었을 경우, 완성된 원고로 인해 출간 시기를 빠르게 결정할 수 있다는 장점 역시 존재한다.

3

머리말로 책을 구매하게 만들어라

머리말은 영화의 예고편과 같다. 이 책이 어떠한 책인지를 소개함과 동시에 읽고 싶게 만들어야 한다.

| 독자를 유혹하는 머리말 작성법 |

대부분의 사람들은 책을 살 때 제목과 표지, 목차를 확인한 후 가장 먼저 머리말을 확인한다. 머리말을 읽고 마음에 들면 뒤의 내용을 더 읽거나 구매하기로 결심한다. 따라서 머리말은 이 책의 핵심적인 내용을 전달하면서 사람들로 하여금 이 책을 구매하도록 유혹할 수 있어야 한다.

머리말을 작성하기 위해서는 이미 본문이 완성된 상태로 글을 적는 것이 유리하다. 원고 전체의 내용이 머릿속에 남아 있는 상태에서 원고의 매력이 드러나는 머리말을 적을 수 있기 때문이다. 이 사실을 모르고 처음 책을 쓸 때 머리말부터 적는 실수를 범했다. 이렇게 적은 머리말을 이후에 다시 새로 작성해야만 했다. 여러분은 나와 같은 실수를 반복하지 않기를 바란다. 그렇다면 머리말에는 어떤 내용들이 들어가 있어야 할까?

첫째, 책을 집필하게 된 배경이 적혀 있어야 한다.

모든 책에는 집필을 하게 된 이유와 동기 등이 존재하기 마련이다. 어떠한 목적과 의도를 가지고 책을 적게 되었는지를 머리말에 작성하도록 하자. 독자들은 머리말을 읽고 저자의 해당 목적과 의도가 자신의 상황과 부합하다는 생각이 들면 당신의 책을 구입해서 읽어볼 것이다.

둘째, 핵심 메시지가 드러나 있어야 한다.

독자들이 머리말을 읽는 이유는 단 한 가지다. 바로 이 책이 '어떤 주제'를 담고 있는지를 알고 싶기 때문이다. 따라서 머리말에는 해당 책의 주제가 무엇인지 잘 드러나 있어야 한다. 여기서 말하는 주제란 책을 통해 저자가 전달하고자 하는 핵심 메시지를 뜻한다. 책 전체를 관통하는 주제를 머리말을 통해 독자에게 전달할 수 있어야 한다.

셋째, 어떤 사람을 위하여 쓰였는지 타깃 독자층이 드러나야 한다.

독자들은 쏟아지는 신간 도서의 홍수 속에서 자기 자신을 위해 쓰인 책이 무엇인지를 끊임없이 찾는다. 이러한 예비 독자들의 선택을 받기 위해서는 정확한 독자 설정이 머리말을 통해 드러나야 한다. 독자를 설정할 때는 '대한민국 모든 국민' 등과 같이 막연하게 설정하는 것은 지양해야 한다. 모든 사람을 타깃으로 하는 것은 아무도 타깃으로 설정하지 않는 것과 같다. '퇴사를 준비하는 40대 남성', '재테크에 관심이 많은 30대 주부' 등과 같이 명확하고 뾰족하게 독자를 설정하도록 하자.

넷째, 책을 통해 얻을 수 있는 것이 무엇인지가 드러나 있어야 한다.

사람들은 자신에게 도움이 되지 않는 일에 돈을 쓰지 않는다. 사람들이 당신의 책을 구입해서 읽는다면, 그건 분명 당신의 책이 자신의 삶에 1인치의 변화라도 도움이 된다고 느꼈기 때문일 것이다. 따라서 독자들이 책을 구매하기 전 가장 먼저 읽는 머리말에는 이 책을 통해 얻을 수 있는 것이 무엇인지가 잘 드러나 있어야 한다. 오늘날의 독자들은 거창한 변화보다는 자신의 삶을 1인치라도 변화시키는 데 더욱 관심이 많다. '다른 것은 몰라도 이것 하나만큼은 확실히 얻게 해주겠다'라는 마음으로 머리말을 작성한다면, 독자들은 만족스러운 마음으로 당신의 책을 구매해 읽을 것이다.

다섯째, 책이 어떤 구성으로 이루어져 있는지 혹은 어떻게 활용하면 좋을지가 적혀 있어야 한다.

앞에서 머리말은 영화의 예고편과 같은 역할을 한다고 말했다. 해당 책이 어떤 순서와 형식으로 구성되어 있고, 어떤 방법으로 활용하면 좋은지를 머리말에 제시해준다면 독자들은 더욱더 능동적으로 당신의 책을 읽게 될 것이다. 나아가 머리말만 읽어도 이 책이 어떤 책인지를 알 수 있는 좋은 힌트가 된다.

여섯째, 기존에 나와 있는 유사 도서들과 어떻게 다른지 차별성이 제시되어야 한다.

매일 수백 권의 신간 도서들이 서점에 새로 진열된다고 한다. 이렇듯 넘치는 책의 홍수 속에서 당신의 책이 기존 책들과 다른 점이 없다면, 독자들은 굳이 당신의 책을 구입해 읽을 이유가 없을 것이다. 따라서 당신의 책은 기존에 나와 있는 책들과 어떤 점에서 다르고, 차별화되었는지를 머리말에 작성해주면 독자들의 책 선택에 도움을 줄 수 있다.

4

퇴고는 어떻게 할까?

생각나는 대로 휘갈겨 쓴 후,
절반으로 줄이고 제대로 다듬어라.
찰스 다윈

| 글을 '환골탈태'하게 만드는 퇴고의 힘 |

"중국의 당송 8대가 중 한 사람인 소동파가 〈적벽부〉를 다 썼을 즈음, 친구가 찾아왔다. 소동파가 친구에게 '방금 시 한 편을 단숨에 지었다'며 보여줬다. 소동파가 자리를 비웠을 때 그의 방석 밑을 보니 수도 없이 고쳐 쓴 종이 더미가 있었다."*

* 강원국, 『강원국의 글쓰기』, 메디치미디어(2018)

영국의 소설가 조지 버나드쇼George Bernard Shaw는 1925년 노벨 문학상을 수상한 세계적인 작가다. 어느 날 그는 자신이 쓴 글을 부인에게 평가해달라고 부탁한다. 하지만 부인은 그의 글을 읽고 "당신의 글은 쓰레기감이에요."라는 비난 섞인 피드백을 준다. 그녀의 비난에 버나드쇼는 대답한다. "맞아. 하지만 7번 교정한 다음에는 완전히 달라져 있을 거라고!"

조지 버나드쇼의 일화는 글을 작성하는 데 있어 퇴고가 얼마나 중요한지를 알려주는 좋은 예시가 된다. 어떤 원고든 힘들게 100페이지 가량 쓴 글을 처음부터 다시 퇴고한다는 건 쉽지 않은 일이다. 하지만 성공적인 책을 출간하기 위해서 퇴고는 반드시 거쳐야 하는 과정이다.

강원국 작가는 **"우리가 헤밍웨이나 톨스토이와 같은 점이 있다면, 그들이나 우리나 초고가 엉망이라는 사실이다. 다른 점도 있다. 헤밍웨이나 톨스토이는 열심히 고쳤고, 우리는 그렇게 하지 않았다는 점이다"***라고 말하며 퇴고의 중요성을 강조했다. 일본의 세계적인 작가 무라카미 하루키는 그의 책 『직업으로서의 소설가』에서 퇴고를 망치질에 비유했다. 수십 번, 수백 번의 망치질을 통해 쇠가 더 단단해지듯 글 역시 거듭되는 퇴고 과정을 통

* 강원국, 『강원국의 글쓰기』, 메디치미디어(2018)

해 더욱 수준 높은 원고로 탄생할 수 있다는 것이다.

『파우스트』는 독일의 문호 괴테Johann Wolfgang von Goethe가 전 생애를 바쳐 쓴 희곡으로 알려져 있다. 알려진 것처럼 괴테는 60년에 거쳐 『파우스트』를 쓰고 또 썼다. 세계적인 작가 또는 베스트셀러 작가들은 한 원고를 수십 번에서 수백 번의 퇴고 과정을 거친다. 4,500만 부 이상 팔리며 영화로도 제작된 『샬롯의 거미줄』을 쓴 세계적인 동화 작가 엘윈 브룩스 화이트Elwyn Brooks White는 **"위대한 글쓰기는 존재하지 않는다. 오직 위대한 고쳐 쓰기만 존재할 뿐이다"***라고 말했다.

『무기여 잘 있거라』, 『노인과 바다』 등 세계적인 문학 작품들을 출간하며 1954년 노벨 문학상을 수상한 헤밍웨이Ernest Hemingway 역시 "모든 초고는 걸레다"라는 다소 과격한 표현을 써가면서까지 고쳐 쓰기를 강조했다. 그는 『무기여 잘 있거라』의 마지막 페이지를 무려 39번이나 고쳐 썼다고 한다. 역작이라 평가받는 『노인과 바다』의 마지막 장면 역시 거듭된 퇴고의 과정으로 완성된 것으로 알려져 있다. 소설 『기다림』, 『멋진 추락』 등을 출간한 중국계 소설가 하진 역시 한 작품 당 보통 100여 번의 퇴고 과정을 거쳐 고쳐 쓰기를 하는 것으로 알려져 있다. 소

* 조 비테일, 『꽂히는 글쓰기』, 웅진윙스(2007), p139

설 『7년의 밤』으로 우리에게 잘 알려진 정유정 작가 역시 고쳐 쓰기를 매우 중요시하는 작가 중 한 명이다. 그녀는 한 인터뷰에서 다음과 같이 말했다.

"저는 일단 3개월 안에 말이 되든 안 되든 막 달려서 무조건 초고를 완성해요. 아이디어에도 유효기간이라는 게 있어서 3개월이 넘어가면 쓸 수가 없더라고요. 그 후에 일 년에 걸쳐서 양파 껍질을 벗겨가듯 계속 벗기고 고치면서 (작품을) 완성하죠. 이렇게 많이 고치다 보면 나중에 질려서 토할 것 같은 상황이 되지만, 그래도 이렇게 해야 이야기에 대한 장악력이 커져서 좋더라고요."

이렇듯 베스트셀러 작가들은 하나같이 고쳐 쓰기, 즉 퇴고의 과정을 매우 중요하게 여기는 것을 알 수 있다. 프랑스의 또 하나의 세계적인 소설가 베르나르 베르베르Bernard Werber의 소설 『개미』 역시 12년 동안 100여 차례의 수정 끝에 출간된 것으로 알려져 있다. 긴 시간 동안 거듭되는 퇴고 과정을 거쳐 『개미』는 전 세계인의 사랑을 받는 베스트셀러로 자리매김할 수 있었다. 초고는 가볍게, 퇴고는 진중히 하도록 하자. 세상의 모든 초고는 완벽하지 못하다. 초고는 말 그대로 초고일 뿐이다.

'다비드상'을 만든 미켈란젤로에게 어떤 사람이 물었다. "당신은 어떻게 평범한 돌을 멋지게 만드는 거죠?" 그는 대답했다. "나는 돌 안에 이미 있는 다비드상을 꺼냈을 뿐이오."

퇴고 과정 역시 마찬가지다. 명작은 바로 수많은 퇴고의 과정을 통해 탄생된다. 명작은 이미 초고 안에 들어 있다. 퇴고는 그것을 밖으로 꺼낼 수 있도록 돕는 과정이다. 일본의 대표적인 문학상인 아쿠타가와상을 최연소로 수상한 일본의 소설가 마루야마 겐지는 초고를 최소 7번 고쳐 쓰라고 말한 바 있다. 조선대학교 문예창작학과 초빙교수로 일하고 있는 한승원 작가 역시 최소 7번 이상 고쳐 쓴다고 말했다. 이처럼 고쳐 쓰기는 원고의 질을 높이기 위해 반드시 필요한 과정이라고 할 수 있다.

그렇다면 퇴고를 할 때 유의사항에는 무엇이 있을까?

| 퇴고 시 유의사항 10가지 |

첫 번째, 초고가 완성된 직후보다 일정 기간이 지난 후 퇴고한다.

초고를 쓸 때는 작가의 입장이지만 퇴고를 할 때는 독자의 입장에 서게 된다. 따라서 퇴고 시에는 최대한 객관적인 독자의 입장에서 글을 읽는 것이 효과적이다. 초고를 완성한 직후는 내 글이라는 생각으로 인해 객관적인 독자의 입장에서 글을 읽는 것이 쉽지 않다. 따라서 초고가 완성되었다면 1~2주 정도 아예 초고를 잊고 지내다가 이후 글을 다시 읽는 것이 좋다. 이렇듯 작가에서 독자로의 관점의 전환은 글을 쓸 때는 알 수 없었던 부분을 글을 읽으면서 발견할 수 있도록 돕는다. 우리는 이러한 관점의 변화를 통해 보다 객관적으로 글을 고쳐 쓸 수 있다.

두 번째, 소리 내어 퇴고한다.

글이라는 것은 참 신기하다. 그냥 눈으로만 읽을 때와 달리 소리 내어 읽는 것만으로도 이전에는 볼 수 없었던 비문이나 어색한 지점들을 발견하게 된다. 문장이 잘 안 읽히거나 목에 걸려 잘 넘어가지 않는 부분이 있다면 그 부분이 바로 고쳐 써야 할 부분이다. 읽다가 어떤 이유로든 의문이 드는 대목 역시 고쳐 쓸 부분이다.

세 번째, 종이로 출력하여 퇴고한다.

모니터 화면에 나온 글을 읽는 것과 종이에 인쇄된 글을 읽는 건 완전히 다른 느낌을 준다. 우리가 출간할 책은 종이책이다. 따라서 종이 위의 활자로 적힌 상태로 퇴고하는 것은 출간된 책의 원고 수준을 높이는 데 큰 도움이 된다. 또한 모니터 화면으로만 봤을 때는 보이지 않는 것들이 종이로 출력해 읽을 때는 보이는 경우가 많다.

네 번째, 글의 내용만 보는 것이 아니라 원고의 전체 구조도를 생각하며 퇴고한다.

글 구조의 기본 단위는 '단락'이다. 단락의 흐름이나 배치가 어색한 곳이 있다면 과감히 바꿔보는 시도는 퇴고의 좋은 방법이 될 수 있다. 초고를 쓸 때는 문장에만 집중하다 보니 전체 구조를 파악하기가 힘들다. 따라서 퇴고 시에는 문단의 배치까지 고려해서 검토하는 것이 좋다. 특히 글의 서두를 다르게 배치하는 것만으로도 글 전체 분위기의 변화를 줄 수 있다.

다섯 번째, 내용을 더하는 것보다 빼는 것에 초점을 맞춰 퇴고한다.

문장은 기본적으로 간결해질수록 글맛이 산다. 퇴고 시 원고를 읽으며 해당 문장을 어떻게 더 줄일 수 있을지를 고민해보도록 하자. 이러한 조언을 듣고, 원고의 전체 분량이 줄어드는 것을 고민하는 사람이 있을 수도 있다. 하지만 부족한 분량은 더 채우면 된다. 필요 없는 미사여구들로 가득 찬 원고보다 꼭 필요한 문장들로 가득 찬 원고가 훨씬 더 매력적이라는 것을 기억하자.

여섯 번째, 반복되는 불필요한 표현이 없는지 확인하며 퇴고한다.

예를 들어 '저는', '나는' 등을 계속 쓰는 경우, 접속사를 불필요하게 많이 쓰는 경우, 문장 안에 '것'을 수없이 쓰는 경우, 쉼표가 하나도 없거나 쉼표를 너무 많이 쓰는 경우, '~같다'와 같은 불확실한 표현을 자주 쓰는 경우 등이 이에 해당된다.

일곱 번째, 다양한 환경에서 퇴고한다.

퇴고를 할 때 최대한 다양한 환경에서 퇴고하려고 노력했다. 예를 들어 어제는 방에서 퇴고를 했다면, 오늘은 도서관에서, 내일은 카페에서 퇴고를 하는 것이다. 이렇듯 다양한 환경에서의 퇴고는 새로운 시각에서 글을 볼 수 있도록 돕는다. 노트북으로만 퇴고를 하지 않고, 휴대폰으로, 태블릿PC로, 혹은 종이로 바꿔가며 퇴고하는 것 역시 도움이 된다. 심지어 종이로 출력된 원고를 화장실에서 퇴고하기도 했다. 다양한 환경에서 퇴고를 시도해 보도록 하자.

여덟 번째, 짧지만 반복적으로 퇴고한다.

한 글자 한 글자 최대한 집중하면서 한 번 하는 퇴고가 좋을까? 아니면 가볍게 훑으면서 열 번 하는 퇴고가 좋을까? 정답은 후자다. 퇴고를 할 때는 최대한 여러 번 하는 것이 효과적이다. 그리고 이때 팁은 여러 번 할 때마다 다른 부분에 초점을 두고 퇴고하는 것이다. 예를 들어 첫 번째 퇴고는 주어와 서술어의 호응에 초점을 두고 진행했다면, 두 번째 퇴고는 너무 어렵게 쓰인 문장이 없는지에 초점을 두고 진행하는 것이다. 이렇듯 다양한 부분에 초점을 둔 퇴고는 원고의 질을 향상시키는 데 큰 도움이 된다.

아홉 번째, '나의 글'이 아닌 '남의 글'이라는 생각으로 퇴고한다.

초고를 작성할 때와 퇴고를 할 때 가져야 할 마인드의 차이는 바로 '누구의 글이라고 생각하고 쓰는지'다. 초고를 작성할 때는 '나의 글'이라고 생각하고 쓰게 된다. 하지만 이러한 마인드를 가지고 퇴고를 하면 객관성을 잃어버리기 쉽다. 따라서 퇴고 시에는 내 글이 아니라 남의 글을 첨삭한다는 생각으로 임하는 것이 필요하다. 처음 본 남의 글을 평가한다는 생각으로 퇴고에 임하면 더 수준 높은 퇴고가 가능하다. 여기서의 팁은 '반드시 수정할 부분이 있다'라는 생각으로 퇴고하는 것이다. 우리의 뇌는 본능적으로 귀찮은 것을 싫어한다. 이러한 본능은 퇴고할 때도 역시 작용하기 마련이다. 따라서 퇴고 시에는 반드시 고쳐야 할 부분이 있고, 그 부분을 찾아낸다는 생각으로 글을 읽도록 하는 것이 좋다.

열 번째, 퇴고 시 맞춤법과 띄어쓰기 검사는 기본이다.

우리말에는 헷갈리는 맞춤법이나 띄어쓰기가 많이 존재한다. 출판사 편집자가 교정 역할을 하긴 하지만, 투고 전 필히 맞춤법 검사기를 돌려 비문이 없는지를 확인하는 것이 예의다. 시중에 출간된 책을 읽다 보면 종종 맞춤법이 어긋난 표현들을 발견하곤 한다. 책을 잘 읽다가도 이러한 틀린 맞춤법이 발견될 때는 글을 읽던 흐름이 끊긴 것과 같은 느낌을 받는다. 동시에 책을 쓴 저자에 대한 신뢰감이 떨어진다. 맞춤법을 검사할 수 있는 사이트는 정말 많이 존재한다. 반드시 맞춤법 검사를 하자.

5

인세는 책쓰기를 즐겁게 만든다

인세는 일을 하지 않고 버는 소득인
수동적 소득Passive Income에 해당한다.
매년 꾸준히 책을 쓴다면 인세만으로도
괜찮은 수익 파이프라인을 형성할 수 있다.

| 책을 출간하면 얼마만큼 돈을 벌게 될까? |

책을 출간하게 되면 과연 얼마만큼의 인세를 벌게 될까? 이 부분은 책을 쓰는 예비 작가들뿐만 아니라 일반인들도 모두 궁금해하는 대표적인 영역 중 하나다.

『여자라면 힐러리처럼』, 『꿈꾸는 다락방』, 『리딩으로 리드하라』 등 수많은 베스트셀러를 출간한 이지성 작가는 과거 한TV 프로그램에 출연해 인세로 집안의 빚 4억 원을 다 갚았다는 이야기를 한 적이 있다. 지금까지 팔린 이지성 작가의 책을 모두

합하면 200만 부가 넘는다. 인세 수익으로만 40억 원을 벌어들인 셈이다. 서울대학교 김난도 교수의 『아프니까 청춘이다』는 지금까지 300만 부 이상이 팔렸다. 그가 이 책을 통해 벌어들인 인세 역시 수십억 원에 달한다. 『엄마를 부탁해』라는 소설을 쓴 신경숙 소설가 역시 책 출간 후 200만 부 이상을 판매하는 기염을 토했다. 그녀 역시 인세로만 수십억 원을 벌어들였을 것으로 예상된다.

이처럼 유명 저자들의 이야기를 듣다 보면 이와 같은 인세를 받는 꿈을 꾸게 되는 것도 무리가 아니다. 그렇다면 일반적으로 출간에 성공한 작가들이 받게 되는 인세는 어느 정도일까? 요즘 출판사들은 초판으로 1,000부가량을 찍는다고 한다. 예전에는 3,000부, 5,000부도 찍었지만 현재 그렇게 찍는 출판사들이 많지 않다. 유명 인플루언서 혹은 많은 부수의 책 판매가 보장된 스타 작가의 경우는 예외다. 이렇게 발행된 초판을 1쇄라고 부른다. 1쇄가 다 나가게 되면 출판사는 재판을 찍게 된다. 보통 재판은 1,000부 정도 찍는다. 이렇게 다시 찍힌 책들을 2쇄라고 부른다. 그리고 3쇄, 4쇄, 5쇄……, 이렇게 늘어나는 구조다.

하지만 2쇄를 찍게 되는 책은 상당히 적은 것이 출판 시장의 현실이다. 초판 1,000부가 전부 팔리는 책은 5%에 불과하기 때문이다. 95%의 책이 2쇄를 찍어보지도 못하고 시장에서 잊힌다. 그렇다면 초판 1,000부를 모두 판매하게 되면 저자는 얼마의 인세를 받게 될까? 초보 저자들의 인세 비율은 보통 6~8%에서 결정된다. 7%가 일반적이며, 그전에 출간된 책과 성공 여부에 따라 8%, 9%, 10%와 같이 올라가게 된다. 기획 출판으로 저자가 받을 수 있는 최고의 인세 비율은 10%다. 누군가는 10%를 두고 '왜 이렇게 박하냐'라고 생각할지도 모르겠다. 하지만 최고의 인세 비율이 10%인 이유는 출판 산업의 구조 자체가 마진율이 낮기 때문이다. 책의 정가를 15,000원이라 정하고, 저자가 받을 수 있는 최고의 인세 비율인 10%를 받았다는 가정하에 인세를 계산하면 다음과 같다.

- 한 권당 인세(10%) : 1,500원
- 발행 부수 : 1,000부
- 1,500원 × 1,000 = 150만 원

(소득세 원천징수 3.3%를 공제할 경우, 실 수령액 145만 원)

어떠한가. 인세가 적게 느껴지는가 아니면 많게 느껴지는가? 이 인세 가운데 계약금을 제외한 금액이 출간 후 한 달 이내에 입금된다고 보는 것이 일반적이다. 출판사와 계약을 하게 되면 저자는 계약금을 받게 된다. 저자가 받는 계약금은 보통 50만 원~100만 원 내외다. 여기서 받는 계약금은 '선先인세'라고도 부른다. 이유는 차후 출판사로부터 인세를 받을 때 먼저 받은 계약금을 제하고 받기 때문이다. 예를 들어, 계약금으로 50만 원을 받았다면, 인세 150만 원에서 50만 원을 제한 100만 원을 받게 된다.

그렇다면 일반적으로 말하는 베스트셀러 작가가 받는 인세는 얼마 정도일까? 요즘 출판 시장에서는 소위 '5,000부 이상이 팔리느냐'로 베스트셀러가 될 가능성의 유무를 판단하곤 한다. 그리고 '1만 부' 이상이 팔리면 그때부터 베스트셀러라고 부른다. 1만 부가 팔렸을 때 저자가 받게 되는 인세는 1,500만 원이다. 따라서 베스트셀러 작가가 받게 되는 '최소한'의 인세는 1,500만 원이라고 할 수 있다. 앞에서 '최소한'이라는 수식어를 붙인 이유는 1만 부가 팔린 책은 금방 5만 부, 10만 부가 팔릴 가능성이 높기 때문이다. 실제로 5만 부가 팔린지 얼마 되지 않은 시점에 '10만 부 에디션'으로 재출간되는 책이 적지 않다. 김수현 작가의 『나는 나로 살기로 했다』가 대표적인 예다. 10만 부가 팔렸을 때부터 비로소 저자는 1억 원이 넘는 인세를 받게 된다.

6

나에게 맞는 출간 방식은?

**개인의 상황에 따라 적합한 출간 방식이 다를 수 있다.
내게 맞는 출간 방식에는 무엇이 있는지 살펴보자.**

| 책이 출간되는 방식에 관하여 |

책을 출간하는 방식은 크게 '기획 출판'과 '자비 출판'으로 나뉜다. 여기서 자비 출판은 '독립 출판'과 'POD 출판'으로 또 나뉘게 된다.

먼저 기획 출판에 대해 이야기하자면, 기획 출판은 우리가 잘 알고 있는 출판사 투고를 통해 단행본이 출판되는 형식이다. 출간기획서와 샘플 원고를 출판사에 투고하면 출판사는 해당 기획이 시장성이 있는지를 판단한다. 그리고 만약 시장성이 있는 기획이라는 판단이 들면 작가와 함께 책을 '기획'해서 출간한다. 블로그나 브런치 등에 올린 글을 보고 출판사에서 먼저 연락을 해 책의 콘셉트와 방향을 기획해 출간하는 것 역시 기획 출판에 해당한다. 기획 출판의 핵심은 시장성 있는 책을 '기획' 한다는 데 있다.

기획 출판의 장점은 저자의 입장에서 돈이 한 푼도 들어가지 않는다는 점이다. 본문 및 표지 디자인, 인쇄, 홍보와 마케팅 등 전 과정에 걸쳐 드는 비용은 출판사에서 부담한다. 저자는 원고만 제공하면 된다. 기획 출판을 하게 되면 출판사와 계약을 맺게 되는데, 이때 저자는 계약금으로 선인세를 제공받는다. 출판 시장의 불황으로 선인세를 제공하지 않는 출판사들도 존재하긴 한다. 책이 출간되고 나면 저자는 약 6~8%의 비율에 해당되는 인세를 제공받는다.

기획 출판은 책을 쓰고자 하는 사람들이 가장 많이 선호하는 방식 중 하나다. 저자는 원고 집필에만 몰두하면 되기 때문이다. 이 책을 쓰고 있는 내가 추천하는 출간 방식 역시 기획 출판이다. 하지만 기획 출판에는 가장 큰 단점이 있는데, 그건 바로 출판사 투고를 통해 책을 출간하는 것이 초보 작가의 경우 매우 어렵다는 것이다. 따라서 기획 출판을 원한다면 최대한 출판사 투고 성공률이 높은 원고 작성에 힘써야 한다. 앞에서 강조한 콘셉트와 기획의 중요성은 여기서 비롯된다고 할 수 있다.

다음으로 자비 출판에 대해 알아보도록 하자. 자비 출판은 기획 출판과 반대로 작가가 사비를 들여 출간하는 방식을 뜻한다. 이때 제작 비용은 1,000부 기준으로 300만 원 정도 소요되는 것으로 알려져 있다.

자비 출판 중 독립 출판은 기존의 출판사를 통해서가 아니라 작가 본인이 원고 집필, 본문 및 표지 디자인, 인쇄, 유통, 정산을 모두 다 하는 시스템이다. 저자는 본인이 원하는 대로 본문과 표지를 디자인할 수 있고, 인쇄 부수 역시 마음대로 결정하는 것이 가능하다. 하지만 이렇듯 저자가 모든 과정에 참여한다는 건 장점이 되기도 하지만 단점이 되기도 한다. 이 모든 과정을 저자 본인의 힘으로 하는 것은 생각보다 쉽지 않기 때문이다. 특히 디자인의 경우 본인이 직접 하기보다는 디자인 외주를 줘야 하는 경우가 많다.

POD 출판은 이러한 독립 출판의 단점을 보완한 자비 출판의 한 방법이라 할 수 있다. 원고 집필과 디자인까지는 과정이 동일하지만 인쇄 과정이 다르다. 책을 미리 인쇄해 놓는 것이 아니라 책 주문이 들어올 때마다 한 권씩 책을 인쇄하는 시스템이기 때문이다. 따라서 인쇄비와 제작비 부담이 줄어든다는 것이 장점이라고 할 수 있다. 하지만 주문이 들어오면 제작을 시작하는 시스템으로 인해 독자의 입장에서 책을 받기까지 시간이 오래 걸린다는 단점 역시 존재한다. 또한 미리 책을 제작하지 않기 때문에 오프라인 서점에 입고하는 것이 어렵다는 단점도 있다.

그렇다면 기획 출판과 자비 출판 중 어떤 방식으로 책을 출간하는 것이 더 좋을까? 사실 어떤 방식으로 책을 출간하느냐는 개인의 상황에 따라 좋고 나쁜 것이 다를 수 있다. 하지만 여러 면에서 자비 출판보다는 기획 출판이 더 유익이 많다고 생각한다. 이유는 다음과 같다.

첫째, 기획 출판에 성공했다는 것은 이미 책의 가치를 출판사로부터 인정받았다는 것을 의미한다.

앞서 출판사가 한 책을 출간하기 위해 드는 비용은 약 1,000만 원가량이라고 했다. 따라서 출판사를 통한 기획 출판에 성공했다는 것은 출판사로부터 1,000만 원의 투자를 받는 데 성공한 셈이라고 할 수 있다. 따라서 기획 출판은 내가 집필하고 있는 이 원고가 과연 시장성이 있는 원고인지를 검증할 수 있는 좋은 계기가 될 수 있다.

둘째, 자비 출판의 경우 기획 출판으로 출간된 책에 비해 교정교열이나 표지 디자인 등에서 낮은 퀄리티를 보이는 것이 일반적이다.

자비 출판을 진행하는 모든 출판사가 꼭 그런 것은 아니지만, 기획 출판보다 책의 퀄리티를 적게 신경 쓰는 경우가 많다. 사실 자비 출판을 돕는 출판사 입장에서는 이미 제작 비용을 받았기 때문에 책의 퀄리티에 크게 신경을 쓸 필요가 없는 게 사실이다. 설령 책의 판매가 적게 일어난다고 해도 이미 책 제작에 필요한 모든 비용을 지원받았기 때문에 적자가 될 일은 없기 때문이다. 책 제작에 필요한 모든 비용 부담을 감수하는 기획 출판과는 이렇게 차이가 나는 게 현실이다. 따라서 좋은 퀄리티로 첫 책을 출간하고 싶은 사람일수록 자비 출판보다는 기획 출판을 하라고 권하고 싶다.

셋째, 책 제작과 마케팅 등에 드는 비용을 전혀 부담하지 않아도 된다.

수백만 원에서 천만 원에 달하는 비용을 들여 책을 출간하는 것과 오히려 계약금(선인세)을 받고 책을 출간하는 것 사이에는 차이가 있을 수밖에 없다. 『따라 쓰기의 기적』을 쓴 송숙희 작가는 책을 쓰는 행위를 두고 '책테크'라 부른다. 한 번 책을 출간하고 나면 지속적인 인세를 얻을 수 있기 때문이다. 책쓰기가 효과적인 책테크가 되기 위해서는 책을 쓰는 데 최대한 비용이 들지 않아야 한다. 그러기 위해서는 자비 출판이 아닌 기획 출판이 효과적이다.

7

결국 중요한 건 홍보다

출간 후 첫 2주가 책의 성공을 결정한다.

| 힘들게 완성한 책, 어떻게 홍보할 것인가? |

더 이상 책에 대한 홍보와 마케팅을 출판사에만 맡기는 시대는 지났다. 이제는 누구보다 저자가 적극적으로 본인의 책을 홍보하고 마케팅할 수 있어야 한다.

일반적으로 책이 출판사를 통해 출간되면 서점에서 2주 정도 매대에 진열을 하게 된다. 이 2주 동안 판매가 부진하다면 해당 책은 매대에서 벗어나 서가에 한 권의 책만 꽂힌 채, 다른 책은 전부 재고로 처리해 출판사로 반송되게 된다. 따라서 신간 도서가 출간되면 출판사에서는 어떻게 해서든 해당 책을 많은 독자들에게 알리기 위한 노력을 하게 된다. 그렇지 않으면 해당 책에 투자한 1,000만 원의 돈이 허사로 돌아가기 때문이다. 출판사의 이런 노력과 함께 저자 역시 자신의 책을 홍보하기 위해 모든 노력을 다해야 한다. 자신이 운영 중인 SNS가 있다면 해당 SNS에 책의 출간 사실을 알리고 서평 이벤트 등을 유도하는 것은 기본이다. 이때 본인의 SNS 팔로워 수가 많을수록 책의 판매에 도움이 되는 것은 당연하다.

책이 출간되기까지는 적게는 2개월에서, 길면 1년이라는 시간이 소요된다. 이 기간 동안만 꾸준히 SNS 활동을 하더라도 책 출간 이후 홍보와 마케팅에 큰 도움이 될 수 있다. 유명 아이돌은 데뷔하기 전 인터넷 활동을 통해 이미 그들의 팬덤을 구축하기 위해 노력한다. 그래서 그들이 데뷔를 하는 시점은 이미 많은 사람들에게 알려진 후다. 출판 역시 이와 마찬가지다. 적어도 책이 출간되기 3개월 전부터 SNS를 통해 미리 책 출간 소식을 알리며 책의 예비 독자를 확보하는 것이 좋다. 출판사와의 계약에 성공해서 출간을 앞두고 있다면, 출판사와의 협의를 통해 책 제목과 표지 디자인을 결정하게 된다. 책 제목과 표지 디자인을 고르기 전 운영 중인 SNS에 설문 조사를 올려 책 출간 예정 사실을 알리고, 예비 독자를 확보하는 것은 좋은 방법 중

하나다. 예를 들어, "제 책이 곧 출간될 예정입니다. 책의 제목과 표지를 정해야 하는데, 이러이러한 후보들 중 어떤 게 가장 마음에 드시나요?"와 같이 올리면 된다. 이러한 과정에 참여한 사람들은 자연히 출간될 책에 대한 호기심을 갖게 된다. 만약 자신이 투표한 제목과 표지로 책이 출간된다면, 해당 사람은 책을 구매하고 싶은 마음이 더욱 들지도 모른다.

SNS 중에서는 네이버 블로그와 인스타그램 운영을 추천한다. 2021년 4월 기준 네이버는 인터넷 점유율 51.99%를 기록했다. 2018년 1월 66.85%를 기록했던 것에 비해 점유율이 다소 떨어졌지만, 여전히 많은 점유율을 보유하고 있다고 할 수 있다.

이러한 네이버의 메인 활동은 바로 '블로그'다. 블로그는 개인이 하고 싶은 이야기를 하면서도 다양한 이웃 블로거들과 소통을 하는 것이 강점이다. 현재 약 1,700만 개의 블로그가 운영 중에 있다. 특히 네이버 블로그의 경우 글에 익숙한 플랫폼인 만큼 책 리뷰 관련 포스팅이 수없이 많이 올라온다. 이러한 블로거들에게 책을 무료로 제공하면서 서평 작성을 유도해 바이럴 마케팅을 일으키는 것은 좋은 마케팅 방법이 될 수 있다.

인스타그램 역시 블로그와 함께 운영하면 좋은 SNS다. 2021년 12월 14일, 미국 경제 전문 매체 CNBC에 따르면 인스타그램의 월간 활성 사용자 수가 20억 명에 달한다고 한다. 통계상 전 세계 인구 중 4분의 1이 인스타그램을 사용하는 셈이다. 인스타그램 유명 인플루언서들이 책 출간과 동시에 베스트셀러 작가가 되는 일은 이미 흔한 일이다. 본인이 유명 인플루언서가 아니더라도 괜찮다. 인스타그램에는 매일 같이 다양한 책 리뷰가 올라온다. 이러한 리뷰를 전문적으로 작성하는 인스타그래머들에게 책을 제공하고 서평 작성을 부탁해 보자.

SNS 활동 외에 홍보 방법으로는 각종 문화센터나 지자체, 도서관 등에서의 강연이 있다. 이러한 곳들에서는 대민 서비스의 일환으로 다양한 강연의 기회를 제공하곤 한다. 따라서 이곳들에 미리 작성해 놓은 강연 계획서를 보내 강연 기회를 확보해 보는 것이 좋다. 이때는 돈을 들여 전문성 있어 보이는 프로필 사진을 함께 찍어 놓는 것이 좋다.

꼭 오프라인 강연이 아니어도 괜찮다. 화상회의 프로그램인 줌ZOOM을 활용해 온라인으로 강연을 열어보도록 하자. 대상은 가족이나 친구, 지인들부터 시작해도 괜찮다. 이렇게 첫 강연을 한 후, 해당 화면을 캡처하여 SNS에 "이러이러한 주제로 성공적인 강연을 진행했습니다. 다음 강연은 언제언제 진행할 예정입니다."라고 홍보하면 된다.

책 출간 이후 3개월간은 이렇듯 내 책을 홍보하고 마케팅하는 데 전념을 다하는 것을 추천한다. 이 3개월의 기간은 마중물이 되어 당신의 책을 더 많은 사람에게 노출시킬 수 있도록 만들 것이다. 의료계에서는 흔히 누군가 크게 다쳤을 때 '골든타임'을 지키는 것이 중요하다고 말한다. 사고가 난 후 너무 긴 시간이 지나기 전에 적절한 치료를 하는 것이 중요하다는 의미다. 책이 출간된 후 역시 이러한 '골든타임'이 존재한다. 서점의 신간 코너에 배치되는 첫 2주에서 1개월의 기간이 여기에 해당된다. 그리고 이 골든타임은 3개월을 지나서는 결코 안 된다.

| 에필로그 |

축하한다.

이로써 당신은 8주 만에 원고를 완성할 수 있는 구체적인 방법을 터득하게 되었다. 나아가 원고 완성 이후 해야 할 일에 관련해서도 깨닫게 되었다.

책의 마지막 페이지를 덮고, 곧바로 8주 책쓰기 일정을 세워라. 1주차에는 자료조사, 2주차에는 기획하기, 3~8주차에는 집필하기를 실행하겠다고 스스로와 약속하라. 가족과 친구에게 이야기하거나 SNS에 공개적으로 선언하는 것도 좋다. 수시로 이 책을 살펴보며 지금의 다짐이 무너지지 않게 하라.

30대를 맞이하기 전 내 이름으로 된 책 한 권을 쓰고 싶다고 생각했다. 책쓰기 강의조차 한 번 들어본 적 없었지만 그렇게 작가의 꿈을 꾸기 시작했다. 작가의 꿈을 꾸고 3년이 흐른 지금, 드디어 온전히 내 이름으로 출간한 책의 저자가 되었다. 작가는 특별한 사람만 되는 건 줄 알았다. 평범한 사람의 이야기가 책으로 탄생하는 과정을 겪고 나니, 작가의 문은 누구에게나 열려 있다는 사실을 확신하게 되었다.

불과 몇 년 전까지만 해도 죽기 전에 달성하고 싶은 버킷리스트였던 작가의 꿈이 어느덧 현실이 되었다. 누구나 작가가 될 수 있다. 하루 1시간 글쓰기 습관은 당신의 꿈이 현실이 되도록 도울 것이다.

첫술에 배부를 수 없다고 했던가. 첫 번째 책인 만큼 부족한 점이 여럿 보인다. 책을 읽다 아쉬운 부분이 있더라도 넓은 아량으로 이해해주길 바랄 뿐이다. 부족한 부분마저도 타산지석他山之石이 되어 당신의 책쓰기를 돕는 도구가 되길 바란다.

책을 출간하며 감사한 분들이 있다. 언제나 사랑으로 응원해주시는 부모님과 동생에게 감사하다는 인사를 전하고 싶다. 본인들은 잘 모르겠지만 내게 항상 힘이 되는 친구들에게도 고맙다고 이야기하고 싶다. 마지막으로 이 책이 세상에 나올 수 있도록 물심양면으로 지원해주신 파지트 출판사 송준기 대표님과 지은정 편집자님께도 감사의 말씀을 전한다.

책을 한 권 출간하고 나니 다음 책은 더 잘 쓸 수 있을 것만 같다. 작가의 삶을 살겠노라 다짐한 만큼 앞으로도 계속 책을 쓰려고 한다.

언제까지 '책 한 권 쓰기'를 죽기 전에 이룰 버킷리스트로만 남겨 둘 것인가? 시작하지 않으면 아무 일도 일어나지 않는다. 지금이 책쓰기를 시작할 최적의 시기다. 당신의 책쓰기를 진심으로 응원한다.